GUSTAVE PESSARD

PARIS NOUVEAU ET ANCIEN

PRÉCIS DE L'HISTOIRE DE PARIS

DEPUIS

L'AN 50 AVANT J.-C. JUSQU'A NOS JOURS

D'après les documents authentiques et les renseignements les plus récents.

PARIS
SAUVAITRE, ÉDITEUR
LIBRAIRIE GÉNÉRALE
72, BOULEVARD HAUSSMANN, 72
1892

Imprimerie de Poissy. — S. Lejay et Cie.

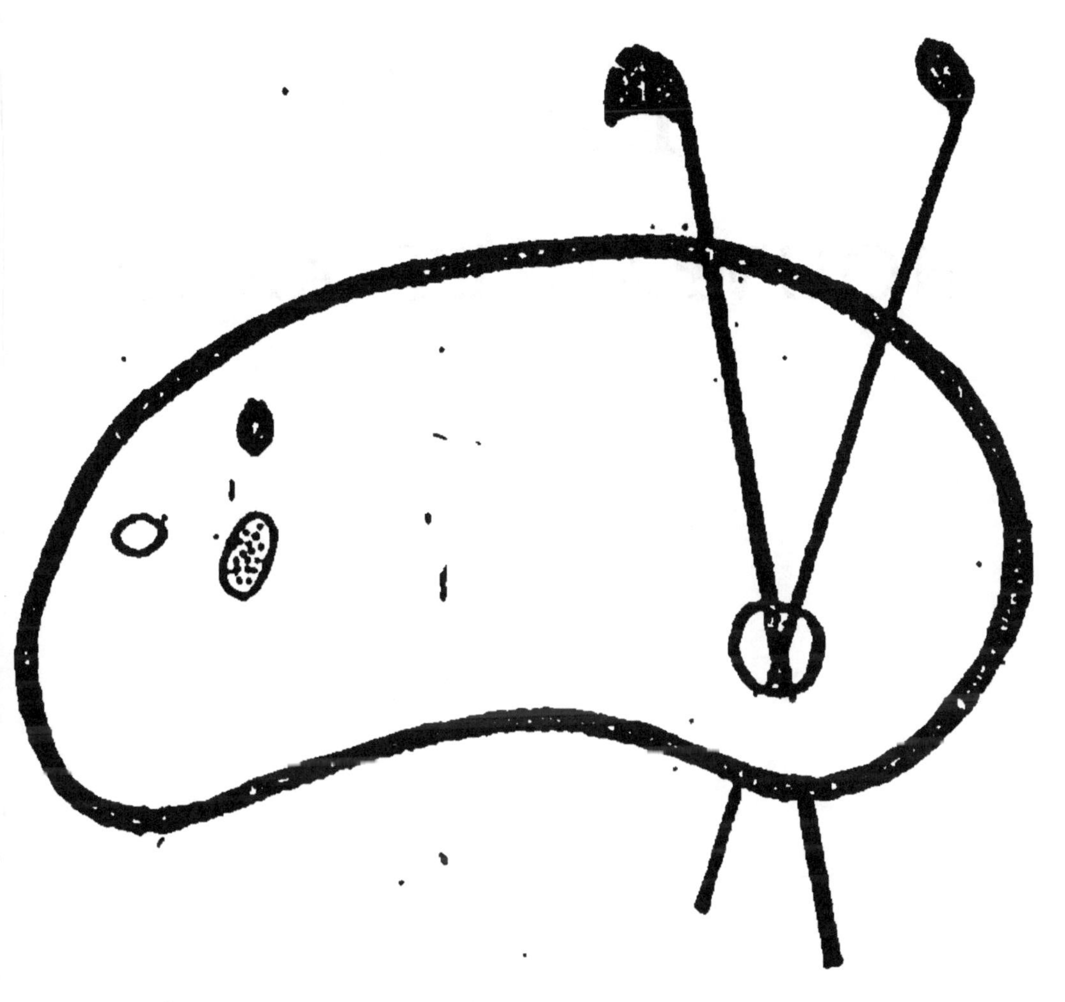

FIN D'UNE SERIE DE DOCUMENTS
EN COULEUR

PARIS
NOUVEAU ET ANCIEN

Imprimerie de Poissy — S. Lejay et Cie.

GUSTAVE PESSARD

PARIS
NOUVEAU ET ANCIEN

PRÉCIS DE L'HISTOIRE DE PARIS

DEPUIS

L'AN 50 AVANT J.-C. JUSQU'A NOS JOURS

D'après les documents authentiques et les renseignements les plus récents.

PARIS
L. SAUVAITRE, ÉDITEUR
LIBRAIRIE GÉNÉRALE
72, BOULEVARD HAUSSMANN, 72
1892

AUX LECTEURS

« *Paris Nouveau et Ancien* », est de M. Gustave Pessard, publiciste aimable, chercheur consciencieux et modeste, qui m'en voudrait de le traiter d'historien.

Ce recueil est écrit pour vous, gens pressés, foule innombrable, forçats du travail et du plaisir, qui peuplez le monde où l'on va vite.

Ce qu'il vous faut, c'est le livre minuscule, au style simple et coulant, le renseignement express, l'histoire écrite sur le sable, plutôt que sur l'airain.

Un tel ouvrage ne s'analyse pas, aussi, peut-on à juste titre appliquer à ceux qui tenteraient de le décrier, ce vers de Martial :

Carpere vel noli nostra vel ede tua.

Ouvrez donc, chers lecteurs, le petit volume de M. Pessard; puisse, cette lecture vous inspirer le désir de faire une étude plus approfondie de notre vieil et glorieux Paris, que sa situation géographique et les qualités de ses habitants prédestinaient à devenir la capitale de la France, le cœur et le cerveau du monde.

Dr ALFRED LAMOUROUX,

Conseiller municipal de Paris.

NOTE DE L'ÉDITEUR

L'ouvrage que nous publions aujourd'hui est établi d'après les documents authentiques les plus précis. Tous les renseignements contenus dans **Paris nouveau et ancien,** *ont été puisés aux meilleures sources.*

Nous n'avons pas l'intention de présenter au public une œuvre nouvelle, ce n'est pas un ouvrage original assurément — beaucoup d'autres ont traité ce sujet avant nous — c'est simplement une compilation, mais une compilation heureuse faite un peu partout et qui présentée et encadrée sous cette forme, ne peut manquer d'attirer l'attention du public et de plaire à tous ceux qui aiment à s'instruire et à connaître les origines des choses parmi lesquelles ils vivent.

Que de gens habitant Paris ignorent jusqu'au plus petit détail de cette intéressante capitale, et combien seraient incapables de dire ce qu'était le personnage, dont leur rue porte le nom, ou pour quelle raison elle a été ainsi dénommée.

Mais, direz-vous, s'il en est ainsi, c'est donc qu'il n'existe pas de livres spéciaux qu'on puisse aisément consulter? — Il en existe, et, en grand nombre, mais ils sont trop volumineux et par conséquent trop dispendieux, ou, traitant de tout, ils ne contiennent qu'une faible partie de renseignements indispensables à l'étude du vieux Paris.

C'est pour combler cette lacune, que l'auteur s'est appliqué à disposer ce travail le plus succintement possible, de façon à en diminuer le format et à nous permettre de le donner à bon marché.

Voilà en quelques lignes le but de cet ouvrage que nous livrons à l'appréciation du public, avec l'espoir qu'elle nous sera favorable, et que nos lecteurs nous sauront gré de leur avoir mis entre les mains une histoire du **Paris nouveau et ancien,** *aussi agréable à lire que facile à consulter.*

PARIS

NOUVEAU ET ANCIEN

Origine de Paris.

D'après les *Commentaires de César*, lorsque cet empereur romain, vers l'an 704 de la fondation de Rome convoqua les Etats de la Gaule, tous s'y trouvèrent réunis à l'exception des Senonais, des Carnutes et des Trévires.

César qui suspectait déjà ces trois cités interpréta leur absence comme un acte de rebellion et voulant faire preuve d'autorité il ordonna que le siège des Etats, qui se tenait à Chartres, serait désormais transporté à Lutèce (*Lutetia Parisiorum*), parce qu'il savait que cette petite bourgade était voisine et amie des Senonais. Ce fut pour Lutèce le commencement de son histoire.

Ce n'était alors qu'un tout petit village qui occupait la plus grande île de la Seine (1), celle que nous appelons aujourd'hui la cité ou île Notre-Dame et qui

(1). *Lutetia oppidum est Parisiorum positum in insulâ fluminis Sequanæ.*

De bel. gal. lib. 6, cap. 3.

s'étendait en largeur depuis le chevet de Notre-Dame jusqu'aux environs de la rue Harlay-du-Palais.

Les *Parisii* étaient patriotes, braves et fiers. C'est ce qui explique que vers l'an 50 avant J.-C., ils incendièrent Lutèce, brûlèrent leurs maisons, détruisirent les ponts et allèrent camper entre Vitry et Ivry, plutôt que de se rendre à Labiénus, lieutenant de César, qui était venu les attaquer. Malgré leur courage, ils furent vaincus dans les plaines de Villejuif et virent périr à leur tête leur vieux chef Camulken, dont les latins ont fait Camulogène.

César fit rebatir Lutèce, qui, jusqu'en 360, fut appelée la *ville de César*. Ce n'est qu'en 361 que le nom de *Paris* fut substitué à celui de Lutèce, ainsi que l'attestent certaines ordonnances du temps, dans lesquelles le nom de *Parisea civitas* est mentionné pour la première fois.

D'après Auguste Vitu, les armes de Paris représentent un navire, parce que l'île de la *Cité* a la forme d'un navire à l'ancre au milieu du fleuve, mais il est plus généralement admis de voir simplement dans ces armes, l'emblème de la Batellerie parisienne.

OCCUPATION ROMAINE

Après leur défaite, les *Parisii* purent cependant rassembler encore 8,000 hommes qui, réunis à l'armée gauloise commandée par Vercingétorix, vinrent au secours de la ville d'Alise, près Semur (Côte-d'Or) où ils luttèrent héroïquement contre les armées de César, mais, écrasés par le nombre, il ne leur resta plus qu'à se soumettre.

Le plus ancien souvenir de l'occupation Romaine date du règne de Tibère. C'est un fragment d'autel élevé en l'honneur de Jupiter, qui, après être resté enfoui pendant quatorze siècles, a été retrouvé en 1711 dans un état de parfaite conservation sous le chœur de Notre-Dame. Cet autel, catalogué de 1 à 4, se voit actuellement dans la grande salle des Thermes (hôtel Cluny) et, ainsi que l'atteste l'inscription du fragment n° 2, il fut élevé par les *Nautæ Parisiaci* (navigateurs Parisiens) à la pointe orientale de leur île où il aura dû être renversé vers l'an 300, lors de l'établissement du Christianisme.

Ces Nautes Parisiens furent l'origine de la corporation des *marchands de l'eau*, qui prit plus tard la dénomination de *Hanse Parisienne*, et forma la

Prévôté des Marchands, qui commença à Jean Augier en 1268, pour finir à Jacques de Flesselles en 1789. De nos jours c'est le *Conseil municipal* qui a remplacé cette institution.

Plusieurs empereurs romains résidèrent à Lutèce. Constance Chlore (306) fit bâtir sur la rive gauche un immense palais dont quelques vestiges subsistent encore et portent le nom de palais des Thermes. L'empereur Julien l'Apostat y fit un long séjour. C'est là qu'il fut proclamé Auguste en 360. Julien aimait beaucoup ce palais. « Je passe l'hi-« ver, écrivait-il, dans ma chère ville de Lutèce. « Elle est située dans une petite île où l'on entre « par deux ponts de bois (le petit Pont et le grand « Pont). Le fleuve qui l'entoure reste presque tou-« jours au même niveau sans enfler ni diminuer « beaucoup ; l'eau y est pure, très agréable à boire. « L'hiver y est tempéré. Les habitants commencent « à y planter des figuiers et on y récolte d'excellents « vins. » (Tous les terrains compris entre le quai de la Tournelle et la voie de Vaugirard étaient alors couverts de vignes).

Le palais était protégé par un camp Romain qui s'étendait tout autour et descendait jusqu'au Luxembourg. Sur le mont *Leucotitius* (Sainte-Geneviève) s'élevait un temple voué à Mercure ; des sépultures et des fabriques de poteries occupaient le revers de la colline. Près de là étaient les arènes, dont une grande partie existe encore au coin des rues de Navarre et Monge, et qui fut découverte lors du percement de cette dernière, en 1869.

Les voies Gallo-Romaines étaient allignées et

dallées, quelques-unes étaient pourvues de trottoirs en terre foulée et cailloutée. La rue de Lutèce, près la caserne de la Cité, est située sur l'emplacement d'une de ces anciennes voies.

Des rues opposées à la Cité partaient cinq grandes routes :

La *Voie de la Loire* et du midi traversait le Petit Pont, longeait le palais impérial des Thermes et suivait presque exactement le parcours actuel de la rue et du faubourg Saint-Jacques. Elle traversait tout le quartier militaire et conduisait à Orléans.

Du Grand Pont (pont au Change) de l'autre côté du fleuve, à l'emplacement du pont Nôtre-Dame actuel, partait une route considérable traversant le faubourg du Nord et se divisant à sa sortie de Lutèce en quatre embranchements qui formaient autant de voies. L'une conduisait en Belgique, c'était la *Voie du Nord* (rue Saint-Denis, faubourg Saint-Denis et la Chapelle). Une seconde allait en Germanie (rue Saint-Martin, faubourg Saint-Martin et rue d'Allemagne). Une troisième, la *Voie de l'Est* descendait vers le cours de la Marne, tandis qu'à l'opposé la *Voie de la Mer* contournait la gauche de la colline de Mars (Montmartre), en suivant à peu près le chemin de Clichy et passait à Saint-Denis et à Pontoise.

PARIS SOUS LES PREMIERS ROIS

Les Romains occupèrent la Gaule jusqu'en 476, époque à laquelle les Visigoths, les Burgundes et les Francs après les avoir repoussés, en restèrent enfin les principaux possesseurs. Plus tard, en 486, Clovis, vainqueur de Siagrius, général Romain, battit les Visigoths, s'empara de Paris, en fit la capitale, et, en l'honneur de la victoire qu'il avait remportée, y construisit sur le mont *Leucotitius* une église sous l'invocation des apôtres Saint-Paul et Saint-Pierre, où il fut enterré en 511. Peu de temps après, sainte Geneviève, qui avait sauvé Lutèce de la fureur des Huns, mourut et fut inhumée dans la même église qui prit alors le nom de *Sainte-Geneviève* patronne de Paris ; reconstruite par Soufflot en 1764, elle fut tour à tour consacrée soit au culte, soit à la sépulture des grands hommes. Depuis 1791, ce monument se nomme le Panthéon. C'est Mirabeau qui y fut enterré le premier.

Vers 543, Childebert fonda sur la rive gauche de la Seine l'abbaye Sainte-Croix et Saint-Vincent, devenue si célèbre par la suite sous le nom de Saint-Germain-des-Prés. Quelques années après, Chilpéric commença sur la rive droite la construction de l'église Saint-Germain-l'Auxerrois.

De 845 à 887, Paris eût à subir de nombreuses incursions de la part des Normands qui brûlèrent et pillèrent les églises.

En 886, Sigefroi ou Siegfried, roi des Normands, marchait sur Paris à la tête d'une armée de pirates, quand il fut arrêté à la tour de bois, près le Petit Pont, par douze héros parisiens qui résistèrent une journée entière aux assauts furieux des Normands, mais, vaincus par le nombre, ils périrent tous les douze les armes à la main. Une plaque commémorative placée, 2, place du Petit Pont, rappelle ce haut fait d'armes et donne les noms de ces braves citoyens.

Ces guerres incessantes produisirent une épouvantable famine, qui, à plusieurs reprises, décima la population. En 975, la disette fut si terrible que les hommes se nourrissaient d'herbes, de reptiles, d'animaux immondes « ils déterraient les cadavres « dans les cimetières et les mères égorgeaient leurs « enfants pour les dévorer. »

Ces famines, dont plusieurs ont duré pendant sept et même douze années consécutives, firent naître d'horribles maladies contagieuses, telles que la *lèpre*, le *feu sacré* appelé aussi *mal des ardents et mal d'enfer*; après ces terribles épidémies, Paris presque en partie dépeuplé resta pendant quatre ou cinq siècles dans un état de misère et d'abjection impossible à décrire. Ce ne fut que sous Philippe-Auguste que cette situation commença à s'améliorer.

Hugues Capet devenu roi en 987, continua d'habiter le palais de la Cité (ce palais existait sur l'emplacement actuel du Palais-de-Justice), de cette époque date le séjour habituel des rois de France à Paris. Robert, son fils (996) agrandit considérablement ce palais. Après lui Henri (1031) et Philippe Ier (1060) construisirent plusieurs églises et abbayes, et achevèrent Saint-Germain-l'Auxerrois. Mais ce n'est que sous Louis VI le Gros (1108) que les travaux de Paris prirent un nouvel essor, car, sans doute pour se mettre en garde contre les attentats des seigneurs, il décida que Paris serait entouré de fortifications.

Première enceinte de Paris.

A cet effet, Louis le Gros fit construire le petit et le grand Châtelet et renferma les faubourgs de Paris dans une enceinte qui partait de la Seine, près de l'abbaye Saint-Germain-l'Auxerrois, suivait la direction des rues des Fossés-Saint-Germain, des Deux-Boules, Jean Pain Molet, traversait la place de Grève et venait se terminer à la Seine. De l'autre côté (rive gauche) l'enceinte comprenait les rues des Grands-Augustins, Saint-André-des-Arts, Hautefeuille, des Noyers, de Bièvre et regagnait la Seine aux Grands Degrés (actuellement quai Montebello). Cette enceinte était percée de plusieurs portes dont les principales figuraient rue Saint-Denis, rue de l'Arcade-Saint-Merry, rue Saint-André-des-Arts et place Maubert. Louis le Gros fut donc le premier roi qui fit entourer Paris de fortifications.

« En dehors de ces murs, existaient de vastes « terrains, les uns cultivés, les autres construits, « presque tous entourés de murs. Ce qui leur avait « fait donner le nom de *clos.* »

Vers le N.-O. se trouvait la ville l'Évêque (habitation appartenant à l'*Évêque* de Paris, autour de laquelle se forma plus tard un village ou *ville*); au N.-E. on commença à dessécher les marécages et à les transformer en terrains cultivés qu'on appela *coutures* ou *cultures* (rue des Coutures-Saint-Gervais, rue Culture-Sainte-Catherine; aujourd'hui rue Sevigné). En 1544 des habitations s'y construisirent et plus tard s'éleva sur cet emplacement le quartier qui s'appelle encore aujourd'hui le *Marais;* au S.-O. s'étendait une vaste prairie appelé Pré-Saint-Germain, autrement dit *Pré-aux-Clercs.* Ce pré qui à subsisté jusque sous Louis XIV doit sa célébrité aux duels des écoliers de l'Université.

Louis VII le Jeune, successeur de Louis le Gros (1137), fit construire quelques édifices, entre autres: l'hôpital Saint-Gervais, les Saints-Innocents et le collège de Dau ou Danemarck, qui fut le premier établissement de ce genre établi à Paris. Suger, abbé de Saint-Denis, alors ministre de Louis VII, rendit de très grands services au pays par la sagesse de son administration. C'est à cette époque que les *Templiers* vinrent établir leur domaine dans toute la partie comprise entre la rue de Bretagne, Charlot et du Temple. Ce quartier a conservé le nom de *Temple.* A l'endroit où est aujourd'hui le square du IIIe arrondissement, s'élevait autrefois la Tour du Temple dans laquelle fut enfermé Louis XVI le 10 août 1792 et qu'il ne quitta que pour aller au supplice, le 21 janvier 1793.

Avec le règne de Philippe-Auguste (1180), commença une ère nouvelle pour Paris. « Pendant cette « période, il s'opéra de notables changements qui « donnèrent à cette ville quelques marques de gran- « deur, dont auparavant elle était dépourvue. Si « l'on excepte les ruines du palais des Thermes, « quelques églises pour la plupart construites en « bois, quelques monastères entourés d'une en- « ceinte à la manière des vieilles forteresses et le « sombre palais de la Cité, où résidait le roi, le « reste de la ville se composait de chaumières dont

« l'ensemble pourrait se comparer à un de nos plus « misérables villages. »

État des rues de Paris.

Les rues, dénuées de pavés, jamais nettoyées, étaient bourbeuses, pleines d'immondices, puantes, hideuses à voir, pénibles à parcourir et malsaines à habiter. C'est ce qui explique les noms grossiers, ridicules et même obscènes qu'on leur avait donnés :

« Il y avait une rue qui s'appelait le *Trou-Punais* ; « ce cloaque infect situé à l'endroit où la rue des « Bernardins rencontre la rue Saint-Victor, recevait « les eaux dans les temps de pluie, il s'en exhalait « une odeur fétide qui causait des maladies conta- « gieuses. Pour obvier à ce mal, au lieu de combler « ce canal, on entreprit de le couvrir par une voûte « qui fut bientôt percée pour servir aux vidanges « des latrines des maisons environnantes ; le foyer « de corruption n'en devint que plus actif, mais ne « fut supprimé qu'en 1672 ! »

PARIS SOUS PHILIPPE-AUGUSTE

Sous Philippe-Auguste, Paris reçut beaucoup d'améliorations et prit dès lors une physionomie plus recherchée, un nouveau genre d'architecture s'y introduisit et, en 1163, le vaste édifice de Notre-Dame en offrit le premier exemple. Ce fut le pape Alexandre III qui en posa la première pierre, sur l'emplacement même occupé 700 ans auparavant par l'Autel de Jupiter.

Philippe-Auguste reconstruisit le château et la tour du Louvre, sorte de forteresse, dont l'origine exacte est demeurée inconnue. (On voit dans la grande cour du Musée du Louvre, l'emplacement qu'occupait jadis cet édifice).

Un très grand nombre d'églises et de collèges furent fondés sous son règne. Il augmenta le nombre des boucheries (à cette époque les bouchers de la Ville étaient autorisés aussi à vendre les poissons d'eau douce) et créa sous le nom de *Halles*, un marché considérable et clos de murs.

C'est au règne de Philippe-Auguste que remonte l'institution des *Ribauds* ou sergents d'armes chargés de la garde du Roi ; leur chef portait le nom de *roi des Ribauds* et la garde du palais lui était spécialement confié.

A cette époque, sitôt la nuit venue, un homme tout habillé de noir parcourait les rues une sonnette à la main, en criant : « Priez Dieu pour les trépassés », puis le couvre-feu sonnait et à ce signal chaque habitant était tenu d'éteindre ses lumières et son feu.

Deuxième enceinte de Paris.

Les anciens murs de Louis le Gros devenant insuffisants, Philippe-Auguste songea à les reculer. C'est donc à lui que revient tout l'honneur de la construction de la seconde enceinte fortifiée : « La « nouvelle muraille avait huit pieds d'épaisseur, elle « était flanquée de cinq cents tours et munie de fossés « profonds. Cette enceinte, commencée en 1190, « partait de la Seine, un peu au-dessus de l'empla- « cement actuel du pont des Arts, à l'endroit où « s'élevait à cette époque une grosse tour appelée « *Tour qui fait le coin* »; de là allait rejoindre la porte Saint-Honoré, près du temple de l'Oratoire (rue Saint-Honoré, près la rue de l'Arbre-Sec) côtoyait la porte Coquillière, la porte Saint-Denis, la rue Mauconseil, la rue du Vertbois (au coin des Arts et Métiers), la poterne Barbette, la rue Vieille-du-Temple, entre les rues des Francs-Bourgeois et des Rosiers, remontait à la porte Baudoyer, puis s'arrêtait au quai des Célestins, à la porte Barbette sur l'eau. — Elle reprenait de l'autre côté au quai de la Tournelle, s'ouvrait encore aux portes Saint-Victor, Saint-Marcel, Saint-Jacques (au coin de la rue Soufflot), Saint-Michel-des-Cordeliers (cour du Commerce, boulevard Saint-Germain et rue de l'Ancienne-Comédie) et venait s'achever en remontant par la porte de Buci à la Tour de Nesle (emplacement occupé aujourd'hui quai Conti, par la Bibliothèque Mazarine et l'Institut). Cette seconde enceinte se développait en 1211 sur plus de 255 hectares.

PARIS SOUS SAINT-LOUIS

Après le règne de Philippe-Auguste, celui de Louis IX (1226), aida beaucoup au développement de Paris. — En 1242, Saint-Louis fit bâtir près de son palais la Sainte-Chapelle pour y déposer les importantes reliques que Beaudoin II, empereur de Constantinople, lui avait données.

La Sainte-Chapelle construite par Pierre de Montreuil, le plus habile architecte de ce temps, fut édifiée sur l'emplacement de l'ancienne chapelle de Saint-Nicolas fondée par le roi Robert, et réparée en 1194 par Louis VII. Cette chapelle coûta plus de 40,000 livres tournois (environ 6 millions de notre monnaie).

De cette époque date la fondation de la Sorbonne, du collège du Val-des-Écoliers, de Cluny, des Bernardins, des Prémontrés, etc., etc. ; de nombreuses congrégations vinrent s'établir à Paris : les Grands-Augustins, les Blancs-Manteaux, les Grands-Carmes, les Charlottes et les Béguines de l'*Ave-Maria*. Louis IX fonda l'hospice des Quinze-Vingts destiné à quinze fois vingt aveugles et réunit toutes les écoles de Paris sous le nom d'*Université*. C'est également à Louis IX que revient le mérite d'avoir organisé régulièrement l'administration et la police de Paris. « Au *Guet* composé de 60 sergents à pied et à cheval « et commandé par le *Chevalier du Guet* fut adjoint, « pour réprimer les vols et brigandages qui se com« mettaient pendant la nuit dans les rues sombres « de la capitale, une milice communale recrutée « parmi les bourgeois et qui reçut le nom de *Guet* « *des métiers* ou *Guet des bourgeois*. »

Les corps de métiers étaient alors au nombre de sept : les changeurs, les drapiers, les épiciers, les merciers, les pelletiers, les bonnetiers et les orfèvres argentiers ; sous Henri III le corps des changeurs fut supprimé et remplacé par celui des marchands de vin.

La municipalité de Paris fut formée de l'ancienne *Hanse Parisienne*. Le chef de cette municipalité prit le nom de *Prévôt des marchands* et ses assesseurs celui de *Jurés* auquel fut substitué plus tard le titre d'*Échevins*.

Origine de la Faculté de médecine.

En 1278, Jean Pithard, chirurgien de Louis IX créa la confrérie de chirurgiens qui fut plus tard le berceau de la Faculté de médecine. Voici ce que dit Dulaure au sujet de cette transformation : « En 1437, « cette confrérie fut agrégée à l'Université, et en « 1561 on lui permit d'avoir un bâtiment contigu « à l'église Saint-Côme (aujourd'hui École de mé« decine) pour y placer les malades, qui au premier « lundi de chaque mois, venaient s'y faire panser.

« Les Membres de cette confrérie étaient des « *chirurgiens à robe longue*, et les barbiers-chirur- « giens établis en communauté sous la direction de « Jean Pracontal premier barbier du roi Charles IX « n'étaient que des *chirurgiens à robe courte*. Les « étudiants de cette dernière classe parvinrent à se « faire admettre par la Faculté de médecine en qua- « lité d'écoliers Cette admission fut au XVIe siècle « la source de *soixante années* de procès entre les « chirurgiens à robe longue et les chirurgiens à « robe courte, malgré les obstacles que dans les « premiers pas, rencontra l'art chirurgical, il a « suivi cependant la marche progressive de toutes « les autres connaissances humaines. »

PARIS SOUS CHARLES V

Nous passerons rapidement les règnes des successeurs de Saint-Louis qui n'offrent rien de particulièrement intéressant au point de vue de la transformation de Paris, pour en arriver à celui de Jean le Bon (1350), c'est-à-dire au moment où, à travers les maux de la guerre étrangère et des discordes intestines, la ville continuait à s'agrandir et à s'embellir. L'enceinte de Philippe-Auguste était débordée à ce point, qu'après la bataille de Poitiers (1356), il fallut construire une nouvelle enceinte. Ce fut l'œuvre d'Étienne Marcel, prévôt des marchands qui mourut assassiné par Jean Maillard, à la porte Saint-Antoine, dans la nuit du 31 juillet 1358.

Troisième enceinte de Paris.

Cette nouvelle enceinte appelée *enceinte de Charles V*, s'étendit surtout dans la partie septentrionale de Paris : partant de la porte Barbette, elle remontait la Seine, jusqu'à l'Arsenal. A l'angle formé par le fossé de l'Arsenal et la Seine, se dressait la *Tour de Billy,* qui subsista jusqu'en 1538. De ce point, la muraille flanquée de tours carrées suivait la direction du fossé jusqu'à la rue Saint-Antoine, où était construite une porte fortifiée qui, agrandie en 1370 par Hugues Aubriot, prévôt de Paris, et sur l'ordre de Charles V, devint la *Bastille Saint-Antoine*. On sait que le 14 juillet 1789, le peuple conduit par Camille Desmoulins, se porta sur la Bastille et s'en empara; la terrible forteresse fut immédiatement démolie et une partie des pierres qui en provenaient fut employée par Perronnet, à la construction du pont de la Concorde. (On peut suivre sur le pavé de la place de la Bastille, le plan exact qu'occupait autrefois ce château. Il y a une plaque à consulter au n° 3 de cette place).

De la porte de la Bastille, la muraille s'étendait un peu en deçà des grands boulevards actuels jusqu'à la rue du Temple, la rue Meslay et la rue Sainte-Appoline, elle formait ensuite *la Porte ou Bastille Saint-Denis*, et, revenant par les rues Bourbon-Villeneuve, Neuve-Saint-Eustache (aujourd'hui d'Aboukir), arrivait à la porte Montmartre, à la hauteur du n° 30 de la rue Montmartre, près la rue Étienne-Marcel, traversait la place des Victoires et le jardin du Palais-Royal, suivait la rue du Rempart (boulevard des Capucines), aboutissait à la Seine et s'arrêtait enfin à la *Tour du Bois* ou *Chastel de Bois*, qui se voyait encore sous Louis XIV et qui occupait autrefois l'emplacement du quai de l'École.

De chaque côté de l'eau (Tour de Billy et Tour du Bois), les passages de la Seine étaient défendus par de fortes chaînes en fer supportées par des bateaux.

Paris à cette époque (1383), était divisé en trois

quartiers : l'outre Petit Pont ou Université (rive gauche), la Cité (Notre-Dame) et l'outre Grand Pont ou Ville (rive droite).

Ce fut Étienne-Marcel qui en 1357 transporta dans la *Maison aux piliers* de la place de Grève (aujourd'hui Hôtel-de-Ville) le *parlouër aux Bourgeois*, c'est-à-dire l'endroit où s'assemblait la Hanse de Paris, qui s'appelait autrefois la *Maison de la Marchandise* et qui était situé dans la partie du quai de la Mégisserie appelé la *Vallée de Misère* puis plus tard à l'encoignure de la rue Victor-Cousin et de la rue Soufflot, ainsi que l'indique une plaque commémorative placée en cet endroit.

Infection des rues. — Pavage.

Pendant la période qui s'étend du règne de Charles V à Louis XII (1498), on fit de grands travaux pour assainir Paris, car les ruisseaux qui séjournaient dans les rues y entretenaient des foyers constants de corruption et de maladies. On s'occupa aussi des égouts et principalement de celui du *Pont-Perrin*. Cet égout qui passait sous la Bastille Saint-Antoine, fut en 1412 détourné et dirigé à travers l'enclos dit la Culture-Sainte-Catherine, il vidait ses eaux dans les fossés du Temple à l'endroit nommé alors la *Maison d'Ardoise* (voisine de la rue de Malte et du Grand-Prieuré). Ce changement eût pour motif l'infection que l'égout produisait et dont la Cour résidant à l'hôtel Saint-Paul (quai des Célestins) ou à l'hôtel des Tournelles (près la place de la Bastille), était incommodée.

L'historien Rigord écrivait en 1185, au sujet des exhalaisons méphitiques de Paris, « qu'un jour Phi-
« lippe-Auguste s'approcha des fenêtres où il se pla-
« çait pour se distraire, par la vue du cours de la Seine.
« Des voitures, traînées par des chevaux, traver-
« saient alors la Cité, et, *remuant la boue* en faisaient
« exhaler une odeur insupportable. Le roi ne put y
« tenir, et même la puanteur le poursuivit jusque
« dans l'intérieur de son palais. Dès lors, il conçut un
« projet très difficile, mais très nécessaire; projet
« qu'aucun de ses prédécesseurs, à cause de la
« grande dépense et des graves obstacles que pré-
« sentait son exécution, n'avait osé entreprendre.
« Il convoqua les bourgeois et le prévôt de Paris,
« et, par son autorité royale, leur ordonna de paver
« avec de fortes et dures pierres toutes les rues et
« voies de la Cité ».

Il ne faudrait pas croire que dès ce moment, toutes les rues de Paris furent pavées. On ne pava exactement que les rues qui formaient ce qu'on nommait la *Croisée de Paris*, nom donné à deux voies magistrales plus larges que les autres, se croisant près du Grand Châtelet, centre de la ville, dont l'une allait de la porte Saint-Honoré à la porte Baudoyer ou Saint-Antoine, et l'autre de la porte Saint-Denis à la porte Saint-Jacques, en traversant la Cité.

Ce pavé était composé de grosses dalles ou carreaux de grès, dont quelques-unes furent retrouvées dans des fouilles pratiquées en 1717 au bas de la rue Saint Jacques.

Plusieurs beaux édifices furent élevés sous ce

règne, entr'autres : l'*Hôtel Barbette*, au sortir duquel, Louis, duc d'Orléans, frère du roi, fut assassiné par son rival Jean sans peur, duc de Bourgogne, le 23 novembre 1407. Au n° 36 de la rue des Francs-Bourgeois existe une plaque indiquant que ce meurtre eût lieu à cet endroit. L'*Hôtel de Sens* (rue du Figuier) ; en 1830 lors de la Révolution, un boulet vint se loger près de la tourelle de gauche, il y est encore. L'*Hôtel de Cluny*, de la *Trémouille*, d'*Orléans*, de *Nevers* (aujourd'hui Hôtel de la Monnaie) et de *Bourgogne* (autrefois situé rue Mauconseil et rue Française), ce dernier célèbre par Molière et sa troupe qui y avait établi son théâtre.

On construisit de nouveaux ponts sur la Seine, au lieu de deux, il y en eut cinq ; trois sur la rive droite : le pont Notre-Dame, le grand pont ou pont au Change et le pont aux Meuniers ; les deux sur la rive gauche étaient : le petit pont et le pont Saint-Michel.

PARIS SOUS FRANÇOIS Ier

Pendant la fin du XIVe siècle et le commencement du XVe, Paris ne reçut aucune amélioration sérieuse; les travaux d'embellissement ne reprirent que sous François Ier (1515). De cette époque, date la fondation du Collège de France et de l'Hôtel-de-Ville, qui, commencé en 1533, ne fut terminé qu'en 1605 sous Henri IV.

En 1525, le roi acheta et donna à sa mère Louise de Savoie, une maison ayant appartenu à un fabricant de tuiles, dont l'immense jardin s'étendait sur les bords de la Seine. Ce fut l'origine des *Tuileries*. — Le Louvre, réparé en 1540 pour recevoir Charles-Quint, fut démoli et reconstruit sur un plan nouveau. Une ordonnance de 1539 s'occupa de l'assainissement et du pavage des rues, mais, comme toujours, ce travail ne se fit pas entièrement, car, même sous Louis XIII, la moitié des rues de Paris n'étaient pas encore pavées.

Ici se place une anecdote assez curieuse racontée par Benvenuto Cellini, dans ses mémoires, qui fait revivre dans sa pittoresque réalité l'affreux coupe-gorge qui s'appelait Paris en l'an de grâce 1540 :

Le logis de Petit Nesle dépendant de la Tour de Nesle fut concédé à cette époque par le roi François Ier à Benvenuto Cellini. L'artiste florentin s'y établit avec ses compagnons, les apprentis et les domestiques formant une garnison avec l'aide de laquelle il soutint un siège contre le prévôt de Paris qui revendiquait la propriété du Petit Nesle.

Benvenuto raconte qu'il rentrait un soir à son château de Nesle, portant sous son manteau, *dans un panier*, mille écus de vieil or, que le trésorier royal venait de lui délivrer par ordre de François Ier, lorsqu'il fut attaqué par des voleurs devant les Augustins, endroit fort dangereux ; il les tint en respect à grands coups d'épée, puis s'enfuit à toutes jambes jusqu'à son château, et appela la garnison qui sortit en armes ; après quoi l'on rentra sain et sauf dans le Petit Nesle et l'on soupa joyeusement.

Quatrième enceinte de Paris.

Après la bataille de Pavie, l'enceinte de Charles V fut réparée, augmentée et de nouveaux remparts furent élevés autour de la ville. Cette nouvelle zône partait de la *Tour du Bois*, à la hauteur actuelle de la place de la Concorde, remontait par les portes Saint-Honoré, Montmartre, Saint-Denis, Saint-Martin, du Temple, jusqu'à la porte de la Bastille et finissait à la Tour de Billy, près de l'endroit où est actuellement le pont d'Austerlitz. Sur la rive gauche, la Bastille Saint-Jacques et Saint-Marcel, furent également fortifiées.

Henri II (1547), acheva les travaux de François Ier, il termina le vieux Louvre avec l'aide de Pierre Lescot et de Jean Goujon. En 1532, il posa la première pierre de l'église Saint-Eustache qui ne fut terminée que longtemps après.

Le Pont-Neuf, commencé sous Henri III (1574), ne fut achevé qu'en 1607 sous Henri IV, ainsi que la place et la rue Dauphine. Ce fut l'architecte Androuet du Cerceau qui acheva l'Hôtel-de-Ville, d'après les dessins de l'italien Dominique Boccardo. L'Hôtel-de-Ville, brûlé le 24 mai 1871 pendant la Commune de Paris, a été réédifié et inauguré le 13 juillet 1882, sous la présidence de Jules Grévy.

Henri IV (1589) secondé par le prévôt des Marchands, François Miron, exécuta de grands travaux d'assainissement dans Paris; de cette époque date la machine dite la *Samaritaine*, établie au Pont-Neuf pour élever et distribuer dans Paris les eaux de la Seine et alimenter les fontaines publiques. Le carillon de la Samaritaine fit pendant de longues années, la joie et les délices des promeneurs du Pont-Neuf. Construite en 1606, la Samaritaine fut démolie en 1813.

PARIS SOUS LOUIS XIII

Le règne de Louis XIII opéra de nouveaux changements plus importants encore ; en 1620, l'Imprimerie Royale fut installée rue Vieille-du-Temple, à l'endroit où elle existé encore ; en 1626 le cardinal de Richelieu, premier ministre de Louis XIII, fonda le Jardin des Plantes sous le nom de *Jardin Royal des herbes médicinales* et en 1635 l'Académie-Française.

En 1615, Marie de Médicis avait fait construire le Palais du Luxembourg et l'aqueduc d'Arcueil pour amener à Paris les eaux de Rungis. Le Cours la Reine, fut par ses ordres orné d'arbres superbes. Richelieu fit élever sur l'emplacement de plusieurs hôtels situés près de la rue Saint-Honoré, le magnifique Palais-Royal qui fut pendant plus de deux siècles, le lieu le plus fréquenté de Paris et qui aujourd'hui encore a conservé une certaine animation.

On construisit trois nouveaux ponts : le pont Marie, le pont de la Tournelle et le pont Rouge (pont Royal). Un grand nombre d'établissements monastiques, vinrent se fonder vers cette époque. En voici les principaux : les Jacobins de la porte

Saint-Honoré, les Augustins déchaussés dits *Petits-Pères*, l'Abbaye de Port-Royal, les hôpitaux de la Pitié et des Incurables.

La manufacture royale des glaces date de cette époque, ainsi que la place des Vosges, autrefois place Royale où fut érigée la statue de Louis XIII et qui est vraiment un des plus curieux spécimens qu'il nous soit restés de l'architecture du XVIe siècle. En effet, ces constructions variées, toutes de briques rouges et de pierres blanches en saillie, les toits pointus et les longues voûtes de monastère, ont conservé une physionomie particulière, qui donne à ce coin de Paris, un des aspects les plus intéressants qui se puisse voir.

Nous recommandons encore le très curieux parcours, de la rue de Jouy, François-Miron, la rue de Fourcy, le pourtour Saint-Gervais, les rues des Barres, Beautrellis, Saint-Paul, Saint-Antoine, etc., il y a là pour un amateur des souvenirs bien curieux à évoquer.

Cinquième enceinte de Paris.

En 1626 Paris fut entouré d'une nouvelle enceinte qui suivait à peu près la ligne des grands boulevards actuels, c'est-à-dire qu'elle s'étendait de la porte de la Conférence (près la place de la Concorde) à la Seine (Arsenal), en passant par les portes Saint-Honoré, Gaillon, Richelieu, Montmartre, Saint-Denis, du Temple et Saint-Antoine. De ce fait, les anciens faubourg Saint-Honoré et Montmartre furent compris dans l'enceinte de la rive droite, et les portes reconstruites plus loin.

« L'aspect de Paris à cette époque, était vraiment « bizarre. A côté des nouvelles constructions qui « avaient été faites dans la Cité, le Louvre conser- « vait ses fossés alimentés par les eaux de la Seine. « La Tour de Nesle, le grand et le petit Châtelet, le « Temple, la Bastille, les tours et les portes de l'en- « ceinte méridionale conservaient encore le carac- « tère féodal, tandis que « la Seine bordée de quais « sur une partie de son cours, allait dans d'autres « endroits battre la grève sans défense et, dans les « hautes eaux, baigner les pieds des maisons et « envahir les rues voisines ».

Dépôts d'immondices.

La *Butte des Moulins* garnie de moulins à vent, s'élevait encore cependant au milieu des nouvelles constructions et a subsisté ainsi jusqu'en 1667. Cette butte ainsi que celle de Villeneuve, de Bonne-Nouvelle et des *Copeaux*, etc., etc., ne seraient d'après Sauval qu'un amas successif de gravois et d'immondices accumulés depuis des temps immémoriaux.

En l'an 1512, époque où, craignant de voir Paris assiégé par les Anglais, on résolut d'abattre toutes ces buttes qui s'élevaient bien plus haut que les murailles de la ville, il fut ordonné aux habitants de Paris de déposer les gravois dans des lieux plus éloignés des murailles. Cet ordre ne fut point exécuté entièrement, puisqu'il est certain que la *Butte Saint-Roch* ou des Moulins et celle des *Copeaux*, transformée depuis en labyrinthe du Jardin des Plantes, et plusieurs autres encore furent épargnées.

Aujourd'hui le quartier de la *Butte des Moulins* a été bouleversé de fond en comble pour le percement de l'avenue de l'Opéra et la construction des magnifiques immeubles qui y ont été édifiés depuis, en font un des plus riches et des plus beaux quartiers de Paris.

Le *Marais* fut embelli et les vastes terrains en culture, les *coutures* comme on les appelait autrefois firent place à des rues nombreuses. Les jardins du Pré-aux-Clercs disparurent et l'île Saint-Louis se couvrit de maisons.

PARIS SOUS LOUIS XIV

En 1667, sous Louis XIV, la création d'un lieutenant de police, rendit d'immenses services à l'administration, en réduisant dans des proportions considérables le nombre des voleurs et des mendiants, qui ne s'élevait alors à plus de *quarante mille.* La Reynie, qui le premier exerça les fonctions de lieutenant de police, y déploya une active surveillance.

Boileau dans sa IVe Satire, dit en parlant de Paris que :

> ... Sitôt que du soir les ombres pacifiques,
> D'un double cadenas font fermer les boutiques.
> ....
> Les voleurs à l'instant s'emparent de la ville,
> Le bois le plus funeste et le moins fréquenté,
> Est auprès de Paris un lieu de sûreté.

Éclairage des rues.

Ce fut La Reynie qui établit pour la première fois des lanternes dans les rues de Paris. Jusqu'alors l'éclairage de la ville ne consistait qu'en de rares falots brûlant devant des madones, ou en quelques chandelles qu'on allumait sur les fenêtres. Dans les temps d'alarme seulement, on obligeait les parisiens à placer, pendant la nuit, des seaux d'eau à leur porte et des lanternes à leurs fenêtres.

Rappelons qu'au mois de janvier 1318, Philippe V rendit à Vincennes une ordonnance enjoignant au greffier du Chatelet de veiller « à ce qu'*une* « *chandelle* fut entretenue pendant la nuit à la porte « du palais de ce tribunal, afin de déjouer les entre- « prises des malfaiteurs qui se perpétuaient jusque « sur la place, alors la plus fréquentée de la capi- « tale. »

De 1524 à 1553, chaque propriétaire de maison était tenu de placer, après neuf heures du soir, une lanterne garnie d'une chandelle allumée sur la fenêtre du premier étage, dans la crainte des *mauvais garçons*, et pour être préservé de leurs attaques. De plus, chaque compagnie ou chaque personne qui, pendant la nuit, parcourait les rues de Paris, avait l'habitude de se munir d'une lanterne.

Quelquefois, les rues étaient tellement sombres que des compagnies de porteurs de lanternes numérotées par la police, criaient à tue-tête: Voilà le falot ! — Ils accompagnaient les passants attardés jusqu'à leur domicile, leur faisaient traverser les ruisseaux sur des *ais* ou planches placées en travers sur deux pavés et montaient même jusqu'à leur domicile pour y allumer les chandelles. Au besoin ils allaient aussi prévenir le guet.

Les premières lanternes placées en 1667 à Paris, n'étaient garnies que de chandelles. Il y en avait une à chaque extrêmité des principales rues, et quelque fois une autre au milieu. La peine des galères était réservée à quiconque aurait brisé ces lanterhes. Mais, malgré cet, éclairage, il paraît que les rues à peu près sûres en hiver, ne l'étaient plus du tout dès que le printemps arrivait, car les lanternes n'étaient allumées que pendant quatre mois, du 1er novembre à fin février, et en dehors de cette époque les Parisiens n'avaient pour s'éclairer la nuit que

Cette obscure clarté qui tombe des étoiles...

En 1661, un arrêt du Parlement augmenta la durée de l'éclairage ou l'*illumination* du 20 octobre au 31 mars.

Ces lanternes existèrent jusqu'en 1766, époque à laquelle un certain Bailly entreprit d'y substituer des réverbères, mais à quelques temps de là, le bureau de la ville leur préféra les modèles du sieur Bourgeois de Château Blanc, qui « avec plus d'économie rendaient plus de lumière. » Il en plaça 3,600 et resta chargé de l'éclairage de Paris pendant 20 ans.

Un peu plus tard, en 1785, le lieutenant de police Crosne ordonna qu'il serait placé des réverbères d'une forme particulière devant les maisons des *commissaires au Châtelet*, nommés à présent commissaires de police, afin que pendant la nuit on put au besoin et sans embarras recourir à ces officiers publics.

Ce n'est qu'en 1824 qu'apparurent les premiers appareils à gaz. Aujourd'hui l'éclairage de la ville de

Paris comprend environ 50,500 becs alimentés par le gaz et l'electricité et 450 becs au pétrole. Nous voilà bien loin de la chandelle du bon Philippe le Bel !

Pour en revenir aux belles et utiles créations accomplies sous le règne de Louis XIV, il faut signaler l'Académie des belles lettres (1666), des sciences, de peinture et de sculpture (1668), d'architecture (1671). L'Académie de chirurgie fut fondée en 1631.

Il suffira de nommer les principaux monuments édifiés à cette époque pour donner une idée de l'accroissement et l'embellissement de la ville. L'Hôtel des Invalides construit par Mansard (1670), l'Hôpital général dit la *Salpêtrière* (1636), le Louvre reconstruit et achevé par Claude Perrault, le Palais des Tuileries réparé et terminé par Levau, réuni au jardin que Le Nôtre dessina sur un nouveau plan, tandis que les Champs-Élysées devenaient une des plus belles promenades de la capitale.

Ce règne vît construire : la place des Victoires, les arcs de triomphe des portes Saint-Denis et Saint-Martin, l'Observatoire et le Palais Mazarin, devenu depuis Bibliothèque nationale.

L'*Hôtel Carnavalet* habité vingt ans par Madame de Sévigné, de 1677 à 1696, aujourd'hui Musée rétrospectif de la ville de Paris; l'*Hôtel Lamoignon*, dont une partie existe encore, 24, rue Pavée; l'*Hôtel Soubise* (Archives Nationales); l'*Hôtel La Vrillière* (actuellement Banque de France) et tant d'autres monuments qui par leur style et leurs vastes conceptions ont été et sont encore de nos jours de véritables habitations princières. Malheureusement par suite des changements considérables auxquels ont donné lieu depuis cent cinquante ans le percement des voies nouvelles, beaucoup de ces splendides hôtels ont disparu.

Divisions successives de Paris.

Paris divisé jusqu'au XIVe siècle en trois, puis en huit quartiers, en eut seize du règne de Charles V à Louis XIII et fut partagé sous Louis XIV en vingt quartiers qui subsistèrent jusqu'en 1791. Aujourd'hui on compte vingt arrondissements de chacun quatre quartiers, soit en tout quatre-vingts quartiers. (*Voir page 86 le tableau des divisions successives de Paris par arrondissement et noms de quartiers*).

PARIS SOUS LOUIS XV

Après Louis XIV, le roi Louis XV fit construire quelques édifices importants. L'architecte Gabriel édifia le Garde-meuble (1757) et l'École militaire (1759). En 1758, Soufflot commença les travaux de la nouvelle église Sainte-Geneviève, devenu le Panthéon (4 avril 1791). En 1763, Le Camus de Mézières bâtit la Halle aux blés sur l'emplacement occupé jadis par l'Hôtel de Nesle où mourut Catherine de Médicis en 1589. En 1604 l'Hôtel de Nesle, acheté par Charles de Bourbon, comte de Soissons, changea de nom et prit celui d'Hôtel de Soissons.

Noms des rues. — Plaques indicatrices. Rues grillées.

C'est à partir du règne de Louis XV (1728) que l'administration intervint régulièrement pour dénommer les voies publiques qui, jusqu'alors, n'avaient pour la plupart aucune désignation fixe, aussi leurs noms variaient-ils au gré des caprices et des fantaisies du public. La rue de l'Echaudé Saint-Germain s'appelait au XVIe siècle : *La Ruelle qui va du guichet de l'Abbaye à la rue de Seine.* La rue de Fourcy (faubourg Saint-Antoine), avait nom : *La Ruelle qui fut jadis Helie-Haunot.* La rue Française, près la rue Turbigo était alors : *La Rue qui traverse dedans l'Hôtel de Bourgogne* ; comme c'était commode !

L'administration fit placer aux coins de chaque rue des inscriptions qui étaient le plus souvent gravées en creux sur une pierre à peu près carrée retenue par des crampons de fer et scellées au mur. Beaucoup étaient directement incrustées sur les maisons mêmes. D'autres étaient simplement peintes au coin des rues avec le nom au milieu. Au-dessus et quelquefois au-dessous du nom de la rue on y faisait figurer (comme aujourd'hui d'ailleurs) le chiffre du quartier dont la rue faisait partie.

Il existe encore à Paris, un assez grand nombre de ces plaques plus ou moins lisibles, mais comme état de parfaite conservation et comme type du genre, il nous a semblé intéressant de signaler celles qui existent au coin de la rue Palatine et de la rue Garancière. Les inscriptions murales qui figurent sur l'église Saint-Sulpice à l'encoignure de la rue Saint-Sulpice et de l'ancienne rue Férou sont également dignes d'observation. Ces plaques marquées du chiffre 19, indiquaient qu'elles faisaient partie de la 19e subdivision, qui, à cette époque, comprenait le quartier du Luxembourg.

A remarquer aussi des inscriptions très lisibles au coin de la rue des Barres et de la rue Grenier sur l'eau, derrière l'église Saint-Gervais ; au coin de la rue Saint-Claude et de la rue de Cléry ; à l'encoignure de la rue de Chapon et de la rue du Temple ; il y en a encore rue Serpente, rue Hautefeuille, etc., etc.

Quelques-unes de ces plaques portent la trace des changements opérés en 1792, alors que la Convention décida la suppression radicale de tous les noms des *Saints* du calendrier. La plaque qui se voit au n°4 de la rue Saint-Sévérin et dont l'*S* a été gratté est de ce nombre.

Au même endroit au-dessus de la plaque actuelle : *Impasse de la Salembière*, existe une ancienne inscription murale de : *Cul de Sac de la Sallembrière*, d'une très bonne conservation.

L'impasse est grillée dans le genre de celle de Moussy, située rue Pastourelle. C'était l'usage à une certaine époque de fermer les rues le soir à l'aide de grilles ou de chaînes attenantes aux bornes extérieures. A noter dans ce genre le *cul de sac du Bœuf*, 10, rue Saint-Merri d'un aspect très pittoresque.

Rues étroites.

Sur certaines plaques de rues, le nombre de *coches* ou carrosses qui pouvaient passer de front, se trouvait indiqué par un nombre égal de C (C pour un carrosse, CC pour deux carrosses). Ces inscriptions sont aujourd'hui introuvables par suite des grattages, badigeonnages et lessivages qui ont été faits un peu partout ; toutefois au coin de la rue Pavée et de la rue des Francs-Bourgeois, sous la tourelle attenant à l'Hôtel Lamoignon, on remarque le signe S. C., mais loin de signifier *sans coche,* comme l'ont prétendu quelques auteurs, ces lettres S C. désignaient tout simplement la limite de l'ancienne culture *S*ainte-*C*atherine (on sait que la rue Sévigné s'appelait autrefois rue de la Culture-Sainte-Catherine).

Aujourd'hui, que les voies sont si vastes et les communications si faciles, on a peine à se représenter les cochers de ces lourds carrosses, obligés d'attendre à l'entrée des ruelles étroites et sombres du vieux Paris et forcés d'envoyer des laquais munis de falots pour éclairer leur route afin d'empêcher aux autres véhicules de pénétrer dans le sens opposé.

Dulaure nous apprend que, vers 1557, sous le roi Henri II « Certaines rues de l'intérieur de Paris « étaient trop étroites pour que les voitures pussent « y circuler et trop boueuses pour que des courti- « sans proprement chaussés pussent les parcourir à « pieds; ils se servaient le plus souvent de cheval « ou de mulets. Les courtisans se rendaient ordinai- « rement à la Cour à cheval ayant quelquefois leurs « dames en croupe. Les Présidents et Conseillers « du Parlement allaient au Palais montés sur des « mules. On lit dans les registres de la Cour, que « le 9 mai 1560 (Charles IX) on fit bâtir un *montoir* « devant la Sainte-Chapelle du Palais, pour servir « aux Présidents et Conseillers à monter sur leurs « mules. Ce montoir coûta cent sous. »

On voit encore un de ces vieux montoirs à l'entrée de l'auberge du Cheval blanc, 5, rue Mazet (*Maisons curieuses*, page 74).

PARIS SOUS LOUIS XVI

Pendant le règne de Louis XVI (1774) on construisit un très grand nombre de monuments : l'Hôpital Beaujon, l'École de Médecine (aujourd'hui complètement transformée), l'École des Ponts-et-Chaussées, l'Hospice des Jeunes-Aveugles, le Théâtre-Français, l'Odéon et l'Opéra (ancienne salle rue Le Peletier). Quelques autres Théâtres datent de cette époque; l'Opéra incendié en 1863, a été reconstruit par l'architecte Garnier en 1875 sur l'emplacement actuel de la place de l'Opéra.

En 1719, l'Opéra était encore éclairé par des chandelles. Ce fut le fameux financier Law qui de ses propres deniers versa l'argent nécessaire pour leur substituer des bougies. Les lampes appelées *Quinquets*, du nom de leur inventeur, furent essayées pour la première fois en 1784 au Théâtre de l'Odéon.

Heures de repos, de repas et heures de spectacles.

A cette époque, comme on dînait à deux heures, le spectacle commençait à cinq heures et se terminait à neuf. Cet état de choses fut dérangé par un changement introduit dans les administrations. Les employés travaillaient dans leurs bureaux de neuf heures à midi, puis rentraient à trois heures pour y rester jusqu'à neuf. On jugea que le travail du soir était plus dispendieux qu'utile; on le supprima et on établit une seule séance, de neuf heures du matin à quatre heures de l'après-midi. Ce changement en amena d'autres auxquels la généralité de la population se conforma bientôt. On dîna à quatre heures, à cinq et même à six heures. Les spectacles commencèrent à sept heures et finirent à onze heures ou minuit. Le déjeuner se fit à l'heure du dîner et le dîner à l'heure du souper.

Au temps de François Ier, le dîner se faisait à neuf heures du matin et l'on soupait à cinq heures du soir, ce qui faisait dire :

> Lever à cinq, dîner à neuf,
> Souper à cinq, coucher à neuf,
> Fait vivre d'ans nonante et neuf.

Comme le couvre-feu sonnait alors de bonne heure, et que l'habitude était de *se coucher à neuf*, on était très matinal et les archives du Parlement de Paris nous apprennent que la Cour faisait des visites de lieux à six heures et même à quatre heures du matin.

Sous Louis XII, on dînait à huit heures du matin, puis à midi, et au lieu de se coucher à six heures, ce roi se couchait à minuit.

Sous Henri IV, la Cour dînait à onze heures du matin. Aujourd'hui, l'usage à Paris est de déjeuner vers midi et de dîner à 7 heures. Mais nous voilà bien loin des spectacles :

Avant Molière, chaque place au parterre ne coûtait que dix sous. Toutefois après le succès extraordinaire de ses *Précieuses Ridicules*, il éleva le prix des places à quinze sous, ce qui fit dire à Boileau :

Un clerc, pour quinze sous, sans craindre le holà,
Peut aller au parterre attaquer l'Attila.

Les hommes de la Cour se plaçaient ordinairement sur le théâtre même et sur des bancs posés aux deux côtés et au fond de la scène ; les femmes de la Cour faisaient porter des fauteuils ou des chaises dans la salle qui était disposée en gradins.

Sauval en parlant du Théâtre que Richelieu avait fait bâtir dans son hôtel du Palais-Royal, dit qu'il est « le plus commode et le mieux tenu de tous, « quoiqu'il ne consiste qu'en vingt-sept degrés et « deux rangées de loges ; les degrés n'ont que quatre à cinq pouces de haut et les spectateurs du « 27e degré ne sont pas au-dessus des acteurs. »

Sixième enceinte de Paris.

Après la destruction des remparts élevés au XVIe siècle pour la défense de Paris, la ville n'avait plus de clôture réelle. Les fermiers généraux qui étaient chargés de percevoir les droits d'entrée firent d'abord établir à l'extrémité des principales rues, des barrières en bois, près desquelles stationnaient les receveurs dans des bureaux en planches posées sur des roues, afin de pouvoir se transporter d'une barrière à l'autre et que pour cette raison on appelait des *roulottes*. Ce moyen étant trop insuffisant pour empêcher la fraude, les fermiers généraux obtinrent, de 1783 à 1786, l'autorisation de faire construire un mur tout autour de Paris, ce qui provoqua cette épigramme si connue :

Le mur murant Paris, rend Paris murmurant.

Cette enceinte qui existe encore en partie s'appelait *boulevard extérieur* pour la distinguer de la ligne des grands boulevards ; elle suivait dans toute son étendue l'ancien mur d'octroi, mis à bas en 1860, et réunie à l'ancien *chemin de ronde*, elle forme aujourd'hui une magnifique promenade plantée d'arbres qui fait tout le tour de Paris, sur une longueur d'environ 24,500 mètres (24 kil. 1/2). En 1383, sous Charles V, la circonférence de Paris n'était que de 4,455 toises, soit 8,650 mètres.

Les anciens bâtiments de l'octroi ont été pour la plupart démolis lors de l'annexion (1er janvier 1860) et les barrières rétablies aux portes des fortifications ; de ce fait la circonférence totale de Paris s'augmenta de 7 kil. 1/2. Elle est aujourd'hui de 32,000 mètres et sa superficie de 257,550,000 mètres carrés !

Anciennes barrières de Paris.

Les anciennes barrières existant avant l'annexion étaient au nombre de soixante.

En commençant par la Seine du côté de Bercy,

il y avait : la Barrière de *la Rapée*, de *Bercy*, de *Charenton*, de *Reuilly*, de *Picpus*, de *Saint-Mandé*, de *Vincennes* ou du *Trône*, de *Montreuil*, de *Fontarabie* ou de *Charonne*, des *Rats*, d'*Aunai*, des *Amandiers*, de *Ménilmontant*, des *Trois-Couronnes*, de *Ramponneau*, de *Belleville*, de *la Chopinette*, du *Combat*, de *la Boyauderie*, de *Pantin*, de *la Rotonde Saint-Martin*, de *la Villette*, des *Vertus*, de *Saint-Denis* ou de *la Chapelle*, *Poissonnière*, de *Télégraphe* ou de *Rochechouart*, des *Martyrs*, de *Montmartre*, *Blanche*, de *Clichy*, *Monceau*, de *la Rotonde de Chartres* (Parc Monceau), de *Courcelles*, du *Roule*, de *Neuilly*, des *Réservoirs* ou des *Bassins*, de *Longchamps*, de *Sainte-Marie*, de *Franklin* et de *Passy* ou des *Bons Hommes*.

Au milieu de la largeur de la Seine était fixé entre la Barrière de Passy et celle de *la Cunette* un grand bateau appelé *Patache* sur lequel étaient établis les bureaux servant à la perception des droits d'octroi. Puis venait la Barrière de *Grenelle*, de l'*École militaire*, des *Paillassons*, de *Sèvres*, de *Vaugirard*, des *Fourneaux*, du *Maine*, de *Montparnasse*, d'*Enfer*, d'*Arcueil*, de *la Santé*, de *Lourcine*, de *Croulebarbe*, d'*Italie*, d'*Ivry*, des *Deux Moulins* et de *la Gare*.

Entre la Barrière de la Gare et celle de *la Rapée* existait une patache comme à Passy.

PARIS SOUS NAPOLÉON Ier

Des améliorations et embellissements de toutes sortes, eurent lieu sous le Consulat et l'Empire, nous nous bornerons à énumérer les principaux : les Marchés du Temple, de la Vallée, des Blancs-Manteaux, de l'Entrepôt des vins ; les Abattoirs de Montmartre et de Montrouge ; les Ponts d'Austerlitz, de la Cité, des Arts, d'Iéna ; la construction et l'achèvement des Quais d'Orsay, de Billy, du Louvre, de la Cité, Montebello, Morland et de la Tournelle ; les Canaux de l'Ourcq, de Saint-Martin et de Saint-Denis ; les Fontaines Desaix, de l'École de médecine, du Château d'Eau ; les Cimetières de l'Est et du Nord ; le Palais de la Bourse ; la Colonne Vendôme ; les arcs de triomphe du Carroussel et de l'Étoile, etc., etc.

Numérotage des maisons.

Cette opération commencée depuis longtemps sans succès, fut terminée sous l'Empire en 1806.

Avant la Révolution, les propriétaires nobles s'étaient constamment opposés à cette mesure dont la nécessité avait pourtant été reconnue depuis longtemps. En 1728, sous la prévôté de Turgot et plus tard en 1792, on avait essayé de numéroter les maisons, mais la série des numéros au lieu de changer à chaque rue embrassait tout un quartier. Il en résultait une grande difficulté dans les recherches. C'est ainsi qu'au n° 2 de la rue Garancière on voit encore (bien effacé il est vrai) au-dessus de la porte donnant accès à la Chapelle de la Communion de l'Eglise Saint-Sulpice, un numéro 1095, et au 21 de la rue Richelieu, sur une ancienne plaque de marbre au-dessus de *Hôtel de l'Univers*, le n° 897. Ce qui semblerait indiquer que cette maison était la 897e de la section du Palais-Royal, comme rue Garancière existait la 1096e maison de la section du Luxembourg.

Ce système de numérotage présentait tant de difficultés qu'il était presque impossible de s'y retrouver, exemple la suscription suivante :

« Monsieur Vatel, mercier, au *Fil d'Or*, 594, rue Payenne, au droit de la rue du Parc-Royal, proche le grand mur des Filles-Bleues, en la ville de Paris. »

Il y avait déjà une amélioration avec les adresses suivantes, cueillies au hasard dans l'*Almanac des Marchands* de 1770 :

BRUN, à la renommée des Syrops, rue des Prouvaires, la troisième porte cochère à gauche en entrant par Saint-Eustache, à côté des magasins des eaux minérales.

PETIT (Jean le), marchand épicier, droguiste et distillateur, aux Armes d'Angleterre, rue Dauphine à l'hôtel de Mouy, la première porte cochère en venant par le Pont-Neuf.

En 1806, on recommença l'opération en suivant le système encore en usage. Chaque rue eût une série particulière de numéros. Dans les rues parrallèles à la Seine, l'ordre des numéros suivait le cours du fleuve en augmentant graduellement vers le couchant. Dans les rues perpendiculaires à la Seine, les bas numéros partaient du fleuve, les hauts numéros s'en éloignaient. Les numéros pairs à droite et les impairs à gauche.

Autrefois les numéros des rues perpendiculaires étaient noirs et ceux des rues parrallèles rouges. Cette combinaison assez utile pourtant a été abandonnée et maintenant les numéros ainsi que les plaques indicatrices des rues sont uniformément blanc sur fond bleu.

Trottoirs.

C'est aussi sous Napoléon Ier que l'on entreprit l'établissement des trottoirs pour remplacer les anciennes bornes qui garantissaient si mal les piétons des atteintes des voitures. Les ruisseaux furent supprimés dans le milieu des rues et reportés de chaque côté des trottoirs. Un avis aux voyageurs sur les voitures publiques datant de 1838, dit que : « pour « être bien assis dans les voitures dites *omnibus*, « il faut : si la ligne suit des *rues à ruisseau* pren- « dre place à gauche en montant et si la ligne suit « des *rues à chaussée* s'asseoir à droite. »

Voitures.

Il y avait à cette époque quinze lignes de voitures, dénommées : les *Dames Blanches*, les *Tricycles*, les *Favorites*, les *Orléanaises*, les *Diligentes*, les *Béarnaises*, les *Citadines*, les *Écossaises*, les *Batignollaises*, les *Hirondelles*, les *Parisiennes*, les *Dames Françaises*, les *Gazelles*, les *Excellentes* et les *Montrougiennes*, en tout 390 voitures parcourant ensemble 34 lignes différentes.

En 1617, il n'existait à Paris qu'une seule entreprise de *chaises à bras* qu'on pouvait louer; en 1662, on établit des *carrosses à 5 sols*; ces voitures réservées aux bourgeois étaient interdites aux soldats, pages, laquais et autres gens de livrée.

On attribue l'idée des Omnibus à prix fixe à Pascal qui, paraît-il, en parla au duc de Rouhanne, lequel obtint l'autorisation de créer trois lignes de *carrosses*; l'une de ces lignes allait du Louvre à la porte Saint-Antoine; la seconde de l'église Saint-Roch à la place Royale et la troisième du Luxembourg à la porte Montmartre.

Les voitures furent numérotées en 1703 par ordonnance du lieutenant de police. En 1788, les bureaux de voitures de la Cour ne conduisaient qu'aux lieux où résidait le Roi: Versailles, Fontainebleau, Compiègne et Saint-Germain. Le prix des places était de 3 livres 10 sols pour Versailles et Saint-Germain, de 9 livres 10 sols pour Fontainebleau, et de 13 livres 10 sols pour Compiègne. Ce ne fut qu'en 1800 qu'apparurent les premiers cabriolets de place qui prirent le nom de *Fiacres*, probablement parce qu'ils furent marqués le jour de la Saint-Fiacre.

Aujourd'hui la Compagnie des Omnibus compte 2,000 voitures ou tramways, il y a 5,000 petites voitures de la Compagnie générale et environ 7,000 voitures diverses, plus les tramways électriques, les tramways à vapeur, etc., soit pour Paris un mouvement permanent de plus de 15 à 16,000 véhicules roulants, sans compter les bicycles, tricycles et bicyclettes!

PARIS SOUS LA RESTAURATION

L'impulsion donnée par le premier Empire aux embellissements se continua sous la Restauration et sous le gouvernement de Louis-Philippe. « La dou-« ble ligne de quais fut continuée et prolongée sur « les deux rives de la Seine dans toute la traversée « de Paris afin de garantir les populations riveraines « des inondations par trop fréquentes de la Seine. »

On fit de larges trouées dans la ville pour y laisser pénétrer l'air et la lumière. De vastes boulevards mirent en communication des quartiers autrefois absolument séparés les uns des autres. Les rues s'élargirent, se garnirent de trottoirs dallés ou en asphalte, et les anciennes lanternes à cordes qui ne les éclairaient que si imparfaitement furent supprimées et remplacées presque partout par de nombreux becs de gaz qui, en prodiguant de la lumière dans les rue de Paris, leur donnèrent un aspect féerique qu'elles n'avaient jamais eu jusqu'alors et les rendirent moins dangereuses aux passants attardés, car il ne faut pas l'oublier, jusqu'en 1830 (et même après) certains quartiers de Paris étaient tellement déserts que l'on n'osait s'y aventurer après neuf heures du soir. L'Esplanade des Invalides, le Trocadéro et notamment les environs du Canal Saint-Martin (rue de la Douane, Entrepôt, etc.) étaient infestés la nuit par des bandes de noyeurs qui pendant de longues années furent la terreur des paisibles habitants de ce quartier forcés de traverser le pont du faubourg du Temple pour regagner leur domicile.

La Restauration construisit le Séminaire Saint-Sulpice, la Chapelle Expiatoire de Louis XVI, les Églises Bonne-Nouvelle, Notre-Dame-de-Lorette, de Saint-Vincent-de-Paul; les ponts des Invalides, de l'Archevêché et l'École des Beaux-Arts.

PARIS SOUS LOUIS-PHILIPPE

Le gouvernement de Louis-Philippe termina la Madeleine, précédemment construite par Napoléon Ier à destination d'un temple de la gloire; l'arc de triomphe de l'Étoile et le palais du quai d'Orsay, fut aussi son œuvre. Il commença l'agrandissement du Palais de Justice terminé sous Napoléon III et restaura Notre-Dame et la Sainte-Chapelle.

De cette époque date la construction des ponts du Carrousel et Louis-Philippe, ainsi que l'aménagement du palais des Thermes et du Musée de Cluny.

Chemins de fer.

Ce fut le 3 mai 1843, qu'on inaugura la première ligne de chemin de fer établie à Paris. Cette ligne allait de Paris à Rouen. On sait depuis quelle extension ont pris les chemins de fer en France.

Septième enceinte de Paris.

Par la loi du 3 avril 1841, Thiers alors ministre de Louis-Philippe entreprit et acheva cette nouvelle enceinte qui entoura Paris de fortifications.

Huitième enceinte.

Ces fortifications existent encore aujourd'hui, et, depuis 1860, c'est-à-dire depuis l'annexion des communes suburbaines, les bureaux d'octroi précédemment installés aux barrières des anciens boulevards extérieurs, y ont été rétablis.

De ce fait, Paris, qui avant l'annexion ne comprenait que 3402 hectares de superficie, s'est agrandi de 1400 hectares de plus, ce qui porte à 7802 hectares la surface actuelle de Paris (mesure prise au pied du glacis des fortifications). Paris n'avait alors que douze arrondissements, il en a vingt aujourd'hui.

PARIS SOUS NAPOLÉON III

Depuis 1848, des travaux importants ont été exécutés dans Paris : la restauration du Louvre, le Ministère des Affaires étrangères, l'hôpital Lariboisière, l'église Sainte-Clotilde ont été construits et terminés. Les Champs-Élysées ainsi qu'un grand nombre de quartiers subirent de très grandes améliorations. Mais ce fut surtout à partir de 1852, que commença véritablement pour Paris la transformation qui devait en faire de nos jours une des plus belles et à coup sûr une des capitales les plus saines du monde entier.

On vit alors s'ouvrir de toutes parts des voies nouvelles : en 1858, le percement de la rue de Rivoli fut un très gros événement, plus tard ce fut les boulevards de Strasbourg et de Sébastopol, puis le boulevard Saint-Michel achevant la grande trouée de la gare de l'Est à l'Observatoire.

Le boulevard du Prince-Eugène aujourd'hui boulevard Voltaire, le boulevard Richard-Lenoir, la rue Lafayette, les Halles Centrales, la rue Turbigo, la rue de Rennes, la rue Monge, le parc de Montsouris, le boulevard Magenta, les grandes avenues Friedland, Hoche, Kléber, Marceau, avenue de l'Impératrice (aujourd'hui du Bois de Boulogne) aboutissant à l'Arc de Triomphe, enfin tout le *plan Haussmann* ou plutôt le plan de Verniquet, dressé en 1783 fut mis à exécution. — Puis vint l'Exposition de 1855, c'est-à-dire la construction du Palais de l'Industrie aux Champs-Élysées, réservé aujourd'hui aux Expositions des Beaux-Arts. De nombreuses voies se créèrent de tous côtés, assainissant partout le vieux Paris. On fit à cette époque d'importantes améliorations dans le quartier des Écoles : le boulevard Saint-Germain et la rue des Écoles datent de 1858, mais ils ne furent terminés qu'en 1883. Les magnifiques rues du quartier de l'Opéra sont aussi de cette époque.

En 1867, c'est au Champ de Mars que fut construit pour la première fois le Palais de l'Exposition ; sa forme était celle d'un immense cirque mesurant 482 mètres de longueur sur 370 mètres de largeur et 1500 mètres de pourtour.

De 1852 à 1870, les embellissements de Paris ont coûté à la Ville plus de 900 millions ! depuis il en a été dépensé environ 300 à d'autres travaux, ce qui porte au joli chiffre de 1 milliard 200 millions l'argent consacré depuis 40 ans à l'amélioration de Paris.

PARIS SOUS LA RÉPUBLIQUE

En 1878, l'Exposition se tînt également au Champ de Mars, mais on l'augmenta du Palais du Trocadéro.

Quant à la dernière Exposition de 1889, son souvenir est tellement présent à la mémoire, qu'il est inutile d'en rappeler ici les merveilles et les attractions. Qui de nous d'ailleurs pourrait oublier les palais des Arts libéraux, la galerie des machines, le Dôme central, les fontaines lumineuses et la tour Eiffel, sans compter l'esplanade des Invalides et la rue du Caire!

Depuis, Paris n'a cessé de s'embellir. L'éclairage électrique a remplacé presque partout, et notamment sur les boulevards et l'avenue de l'Opéra, les anciens réverbères à gaz. Toutes les salles de spectacles, les principaux établissements parisiens et beaucoup de maisons particulières même sont aujourd'hui éclairées à l'électricité.

De nouvelles et magnifiques avenues ont été ouvertes de toutes parts; de ce nombre il faut citer : les boulevards Caulaincourt, du Port-Mahon, Diderot, les avenues des Amandiers et Parmentier, l'avenue de la République, allant de la place de la République à la porte de Romainville, le boulevard Raspail, la rue des Archives, la rue du Louvre, la rue Étienne-Marcel, l'avenue Victoria et une foule de voies nouvelles encore en préparation.

La construction d'un chemin de fer métropolitain nécessitera de nombreux travaux dans Paris et le percement de grandes artères. Les principales seront certainement : la rue Réaumur qui viendra aboutir à la Bourse, et le boulevard Haussmann dont l'amorce rejoindra le boulevard Montmartre à la hauteur du passage de l'Opéra et traçant ainsi avec les boulevards une ligne droite qui aboutira à la barrière de l'Étoile.

Rues de Paris.

Aujourd'hui, Paris est sans contredit la plus belle ville du monde. Partout des rues magnifiques y ont été ouvertes et, à part quelques coins oubliés de Paris, dont la singularité jette de temps en temps une note pittoresque sur cet amoncellement grandiose de maisons aux façades régulières et resplendissantes de propreté, il est vraiment impossible de rencontrer ailleurs des rues aussi belles et aussi bien entretenues.

En 1636, le nombre des rues de Paris ainsi que le constate un couplet du temps était de quatre cent treize :

Dedans la cité de Paris
Il y a des rues *trente-six*
Et en quartier de Hulepoix
Il y en a *quatre vingt et trois*

Et en quartier de Saint-Denis
Trois cents il n'en faut que *six*
Comptez-les bien tout à votre aise
Quatre cent y a et *treize.*

En 1300, le poète Guillot n'en comptait que trois cents (trente-six Cité, quatre-vingts Université et cent vingt-quatre quartier d'Outre-pont), plus tard le nombre des rues s'accrut dans des proportions plus considérables :

Sous Louis XIV, il y avait cinq cents rues, sans compter les ruelles ni les culs-de-sacs qu'on appelait alors : rues *sans chief*.

En 1843, la statistique en signalait onze cents, en 1860, quatorze cent soixante-quatorze, pour une longueur totale de 384,665 mètres, et en 1865, trois mille sept cent cinquante, mesurant ensemble 950,808 mètres.

Aujourd'hui le nombre des rues est d'environ quatre mille quatre vingt dix et leurs longueurs dépassent plus de 100 kilomètres !

LE VIEUX PARIS

Maisons curieuses.

Maintenant que nous avons parlé des rues, il nous reste à signaler aux amateurs du bon vieux temps, les maisons et les hôtels les plus curieux de Paris, en faisant remarquer que le comité de la Société des monuments parisiens, « frappé des insuffisances de la « loi de protection des monuments historiques, a « émis le vœu que la Ville de Paris, chaque fois « qu'une maison curieuse non classée sera menacée « de destruction, se préoccupe de la sauver si l'im« meuble présente un caractère architectural tel que « sa disparition lèse les intérêts artistiques, à plus « forte raison par conséquent lorsqu'à ces derniers, « déjà par eux-mêmes si puissants, s'ajoutent les sou« venirs sacrés de l'histoire ».

Voici, d'après le rapport de la Commission, la nomenclature exacte des édifices véritablement précieux pour l'art, qu'il conviendrait de protéger contre toutes destructions ultérieures. Le rapport ajoute que la Ville pourrait tirer un parti avantageux de ces édifices, soit en les utilisant, ainsi qu'il a été fait pour la Tour Saint-Jacques, pour la Tour de Jean-sans-Peur, le donjon de l'horloge du

Palais de Justice ou la Fontaine des Innocents, ou en les affectant à des services divers, comme cela s'est pratiqué à l'égard de l'hôtel Sevigné, transformé en musée Carnavalet; de l'hôtel du comte d'Evreux, devenu le Palais de l'Elysée; de l'hôtel Salm, maintenant Hôtel de la Légion d'Honneur; et de tant d'autres vestiges du passé que leur emploi a sauvé de la ruine.

1er *Arr.* — L'ancienne chancellerie d'Orléans, 20, rue de Valois (ancien hôtel du cardinal Dubois).

Les bâtiments circulaires de la place des Victoires, construits par Mansard.

2e *Arr.* — Hôtel du musicien Lully (rues des Petits-Champs, 45 et Sainte-Anne, 47).

Hôtel Martinet (style Empire), rue de Trévise, 32; magnifiques fresques à l'intérieur.

Maison dite de Ledoux (faubourg Poissonnière, 44 et rue Richer).

Hôtel du maréchal Marmont (aujourd'hui Fould), 30, faubourg Poissonnière, en face le Conservatoire.

Le pavillon de Hanovre, au coin de la rue Louis-le-Grand et du boulevard des Italiens, dépendant de l'hôtel Richelieu construit en 1757 avec l'argent des contributions de guerre prélevées en Hanovre.

3e *Arr.* — Hôtel Juigné, dit hôtel Salé, parce que son propriétaire, Robert de Fontenay, s'était enrichi en 1656 au moyen de l'impôt sur le sel (11, rue de Thorigny).

Hôtel d'Epernon (106, rue Vieille-du-Temple).

Hôtel Héroët (coin des rues Vieille-du-Temple et des Francs-Bourgeois), avec tourelle intéressante.

4e *Arr.* — Hôtel de Hollande (47, rue Vieille-du-

Temple) ; belles sculptures et peintures. Ancien hôtel de Rieux, habité par les ambassadeurs de Hollande.

Hôtel Lambert (2, rue Saint-Louis-en-l'Ile), ayant appartenu au président Lambert de Thorigny et habité aujourd'hui par le prince Czartoryski.

Hôtel de la Vieuville (XVIe siècle, 2, rue Saint-Paul).

Hôtel de Beauvais (bâti par Lepautre, en 1654, 68, rue François-Miron); magnifiques sculptures. Du balcon qui est au milieu du bâtiment, le 26 août 1660, la reine Marie-Anne d'Autriche, accompagnée du cardinal Mazarin et du maréchal de Turenne y vit passer le cortège de son fils Louis XIV et de sa belle-fille Marie-Thérèse faisant leur entrée solennelle dans Paris par la Porte Saint-Antoine.

Hôtel de Mayenne (puis d'Ormesson, bâti par Androuet du Cerceau, époque Louis XIII, angle des rues Saint-Antoine et du Petit-Musc).

Hôtel Chenizeau (fin Louis XIV), 51, rue de Saint-Louis-en-l'Isle.

Hôtel d'Albret, ancien hôtel Letellier, 5, rue des Francs-Bourgeois.

Hôtel Lamoignon, 5, rue Pavée-au-Marais, bâti en 1550 pour Diane de France et habité par Charles de Valois, fils de Charles IX. Il fut acheté en 1681 par le président Lamoignon.

Hôtel de Châlon-Luxembourg (XVIIe siècle), 20, rue Geoffroy-Lasnier.

Hôtel dit du Prévôt, passage Charlemagne, anciennement des Marmousets. Hugues Aubriot, prévôt des marchands sous Charles V l'habita ; en 1880 il prit le nom d'hôtel d'Anville.

— —

Hôtel d'Aumont, 7, rue de Jouy.

Hôtel de Sens, rue du Figuier, fut bâti par Tristan de Salazar pour y loger les archevêques de Sens, qui précédemment habitaient sur le quai des Célestins.

Hôtel de Ninon de Lenclos (ancien hôtel de Sagonne), 28, rue des Tournelles, bâti par Mansard. Ninon de Lenclos y mourut en 1703, âgée de 85 ans.

Les Hôtels de la place des Vosges. (La place des Vosges occupe l'ancienne cour de l'Hôtel des Tournelles, que Catherine de Médicis fit abattre après la mort de son époux Henri II).

Hôtels de Lauzun et de Pimodan, 17, quai d'Anjou (1657).

Hôtel Sully, construit par Androuet du Cerceau, 143, rue Saint-Antoine, habité par Sully et plus tard par Turgot, ministre de Louis XVI.

Hôtel Fieubet, construit par Jules Hardouin-Mansard, 2, quai des Célestins, au coin de la rue du Petit-Musc, connu vulgairement sous le nom d'hôtel Saint-Paul, parce qu'il a été construit en 1361 sur une partie du terrain occupé jadis par l'ancien hôtel Saint-Paul bâti pour Charles V, lequel n'était en somme qu'un amas confus de maisons isolées au milieu de jardins. Cet hôtel couvrait l'emplacement qu'occupe actuellement le quartier Saint-Paul.

5ᵉ *Arr.* — Ancienne Ecole de Médecine, rue de la Bûcherie (église Saint-Côme).

Petite Chapelle (Oratoire de Mˡˡᵉ la Vallière), 17, rue Nicolle.

Hôtel de Nesmon (distillerie), 55, quai de la Tournelle, fut appelé autrefois hôtel de Montpensier.

Hôtel du président Rolland, quai de la Tournelle, 53.

6e *Arr.* — Hôtel de Ranes, 21, rue Visconti, fut habité en 1692 par Racine et par la célèbre comédienne Clairon. Racine y mourut le 22 avril 1699.

Ancien hôtel de la Salamandre (salamandre sculptée, époque François Ier), construit pour la duchesse d'Etampes, 20, rue de l'Hirondelle.

Hôtel de Rouen (cour du Commerce, rue Saint-André-des-Arts), ne pas confondre avec l'hôtel qui porte ce nom. Celui dont il est question ici, construit au XVe siècle par l'archevêque de Rouen, est situé dans une sorte de passage conduisant à une école. La façade est imposante vue du côté de la rue du Jardinet.

Hôtel d'Hercule, 7, rue des Grands-Augustins, construit en 1467. Magnifique escalier et sculpture.

Hôtel de Hinisdal, rue Cassette.

L'Hôtel Galiffet, connu sous le nom de *maison Galiffet* d'après l'almanach national de l'an VII, fut occupé sous le Directoire par M. de Talleyrand, alors ministre des affaires étrangères, 75, rue de Grenelle-Saint-Germain.

L'Église de l'Abbaye-au-Bois, 16, rue de Sèvres. Ancien couvent des Annonciades de Bourges, fut acheté en 1654 par Anne d'Autriche pour les religieuses de l'Abbaye-au-Bois.

8e *Arr.* — Hôtel Junot, duc d'Abrantès, rue Boissy-d'Anglas.

La maison de François Ier, Cours-la-Reine, élevée à Moret (forêt de Fontainebleau) en 1572 et ramenée pierre par pierre à Paris en 1826.

Hôtel Pourtalès, 7, rue Tronchet.

9e *Arr.* — 27, place Saint-Georges, hôtel de M. Thiers président de la République, incendié en 1871, il fut réédifié aux frais de l'État.

Hôtel, 9, rue Victor-Massé. Sculptures remarquables.

10e *Arr.* — Prison de Saint-Lazare. Ancien hospice de lépreux au XIVe siècle, sous l'invocation de Saint-Ladre ou Lazare le lépreux.

11e *Arr.* — Rue de la Roquette, à gauche en partant de la Bastille, hôtel dit Louis XVI.

13e *Arr.* — Boulevard d'Italie, ancien hôtel de M. Mailleux.

16e *Arr.* — Hôtel de la princesse de Lamballe (entre le quai de Passy et la rue Raynouard).

La Muette, au Ranelagh, avec les beaux restes de son parc style Le Nôtre.

18e *Arr.* — Maison à l'angle de la rue des Roses et de la rue de la Chapelle, époque Louis XIII.

Propriété Labat (époque Louis XVI), rue Marcadet.

Hôtel de Trétaigne, 124, même rue.

Il existe encore beaucoup d'autres maisons dans Paris, très curieuses pour la plupart, notamment dans le 4e et le 6e Arr., mais qui n'ayant pas de côté historique, ont été écartées par la Commission, toutefois comme il en est quelques-unes cependant qui nous ont parues dignes de remarque nous les avons indiquées ici et nous les recommandons aux vrais amateurs du vieux Paris.

En voici la liste par arrondissement :

1er *Arrondissement.*

Maison de l'Arbre aux Prêcheurs, poutres sculptées en saillie du XIIIe siècle (au coin de la rue des Prêcheurs et de la rue Saint-Denis).

Vieille hôtellerie de Heaume, connue au XIVe siècle (près le n° 102 de la rue Rambuteau et de la rue Pirouette et Mondétour (coin intéressant des Halles).

Bel hôtel du XVIIIe siècle (au coin de la rue de Prouvaire et de la rue Saint-Honoré).

Ancien Hôtel de Coigny (83, rue des Petits-Champs).

Porte cochère avec inscription : *Bureau des Marchandes lingères* (6, rue Courtalon).

Passage voûté (11, rue de la Lingerie).

Très bel écusson sculpté (13, rue des Lavandières-Sainte-Opportune).

Maison où naquit Molière, le 15 janvier 1622 (au coin de la rue Saint-Honoré) ; il mourut le 17 février 1673 au 40 de la rue de Richelieu.

Tour Ruggieri (rue Coquillière), près de la Halle aux Blés, connue sous le nom d'Observatoire de la Reine, dépendant autrefois de l'Hôtel de Soissons, où mourut Catherine de Médicis en 1589.

Tour de Jean Sans Peur (rue Etienne Marcel), style militaire, enclavé dans le bâtiment des écoles de la ville de Paris (ancien Donjon des ducs de Bourgogne, date de 1250).

2e *Arrondissement.*

Maison d'André Chénier (60, rue Beauregard).

Ancien hôtel Dodun (21, rue Richelieu), construit

en 1722, devenu depuis l'*Hôtel de l'Univers*, magnifique escalier. Nous avons parlé dans un chapitre précédent de la plaque et de son numéro 897.

Ancien hôtel de la marquise de Pompadour, (50, rue Richelieu).

Hôtel Terray, devenu hôtel de Castille et occupé actuellement par les bureaux du Journal *Le Temps* (7, boulevard des Italiens).

3e *Arrondissement.*

Hôtel Cagliostro, habité sous Louis XVI par le célèbre alchimiste (28, rue Saint-Claude).

Beaux immeubles XVIIIe siècle (3, rue Béranger et 83, rue Charlot).

4e *Arrondissement.*

Ancien tribunal de commerce installé en 1570, dans l'hôtel du président Jaillet (42, rue St-Merri).

Maison à toit pointu en ardoises, lucarnes sculptées (47, rue des Francs-Bourgeois).

Maison où est mort Rabelais en 1553 (2, rue des Jardins Saint-Paul).

Ancien hôtel de Marion Delorme, habité dix-huit ans par Victor Hugo (6, place des Vosges). Aujourd'hui Bibliothèque municipale du IVe arrondissement.

Maison de l'Annonciation, curieux bas-relief (89, rue Quincampoix, cette rue existait en 1210).

Tourelle carrée, 1610 (au coin de la rue du Temple et de la rue Sainte-Croix de la Bretonnière).

Tourelle des Francs-Bourgeois (au coin de cette rue et de la rue Vieille-du-Temple).

Maison avec passage voûté (34, rue Saint-Paul).

Maisons de la rue Eginhard (1579).

Plaque (232, rue Saint-Antoine), rappelant que là était l'entrée de l'avant-cour par laquelle le peuple pénétra le 14 juillet 1789, dans la forteresse de la Bastille.

Ancien hôtel d'Auray de Brinvilliers, époux de l'empoisonneuse (12, rue Charles V).

Vieil hôtel (5, rue Saint-Paul) et tourelle carrée (8, rue Saint-Paul, coin de la rue des Lions).

Hôtel Renaissance, magnifique balcon (85, rue François-Miron).

Maisons avec croisées et escalier Louis XV (7, rue Beautreillis).

Hôtel Saint-Aignan, (71, rue du Temple).

Hôtel de Tresmes (8, rue du Foin et 10, rue des Minimes).

Hôtel où est né madame de Sévigné, le 6 février 1626 (11, rue de Birague).

Plaque (6, quai du Marché-Neuf), en souvenir de Théophraste Renaudot, fondateur du premier journal imprimé à Paris (*La Gazette de France*, 1631).

5e *Arrondissement.*

Tour Clovis et ancienne abbaye Sainte-Geneviève où furent enterrés le roi Clovis et la reine Clothilde, en 507 (rue Clothilde, près le Panthéon).

Enseigne sculptée à « *la Hure d'or en* 1720 » (4, rue de la Huchette).

6e *Arrondissement.*

Ancien palais abbatial construit en 1586 pour le cardinal de Bourbon (3, rue de l'Abbaye).

Hôtel Mignon, ancien collège fondé en 1343 (1, rue Mignon).

Maison avec créneaux et tourelles (9, rue Hautefeuille).

Tourelle Hautefeuille avec culs de lampes et moulures sculptées, ancien hôtel de Fécamp, habité sous Louis XV par le chevalier de Sainte-Croix, l'empoisonneur complice de la marquise de Brinvilliers (rue Hautefeuille au coin de l'impasse Hautefeuille).

Tourelle prismatique dépendante de l'Hôtel habité par Pierre Sarrazin (au coin de la rue Hautefeuille et Pierre Sarrazin).

Cour du Dragon et Maison (50, rue de Rennes).

Hôtel du marquis de Villette où mourut Voltaire le 30 mai 1778, dans l'appartement du premier étage (1, rue de Beaune et 27, quai Voltaire).

Vieil hôtel avec fenêtres à 60 carreaux, se voit au 41 de la rue du Bac.

Maisons originales (25, 27, 28 et 29 rue de l'École-de-Médecine.

Place Dauphine et maison en façade sur le Pont-Neuf (1606).

Vieil hôtel d'Henri de Lorraine, transformé en 1790 en théâtre des jeunes élèves. Déjazet y débuta. (rue Dauphine, 24).

Emplacement de la porte Dauphine, suivant inscription murale (44, rue Dauphine).

Hôtel de Luynes (17, quai des Grands-Augustins) et hôtel d'O (5, rue Gît-le-Cœur), tous deux dépendant de l'ancien hôtel de Sancerre.

Vieille maison dépendant de l'aucien collège de Saint-Denis et appelé Hôtel des Charités Saint-Denis (23, quai des Grands-Augustins et 1, rue Christine), il fut démoli en 1606 lors de la construction des quais du Pont-Neuf.

Fameux hôtel du *Cheval Blanc*, vieille auberge qui date de Louis XIII et dont parle Alexandre Dumas dans son roman des *Trois Mousquetaires* (5, rue Mazet).

Hôtel de Moussy, ayant appartenu en 1695 à Henri d'Orléans (16, rue Suger).

Hôtel de Vaucelles (5, quai Malaquais), le maréchal de Saxe, vainqueur de Fontenoy, y mourut le 17 mai 1751.

Ancien hôtel des comédiens du Roi, 1689 à 1770 (14, rue de l'Ancienne-Comédie).

Hôtel de l'Aubespine, époque Louis XIII (1, quai Malaquais). L'astrologue Visconti y mourut en 1318.

8e *Arrondissement.*

Hôtel Crillon, 12 (rue Boissy-d'Anglas).

9e *Arrondissement.*

Maison de Manin, président de la République vénitienne (70, rue Blanche). Ainsi que le raconte Victor Hugo dans l'*Histoire d'un Crime*, ce fut chez madame la baronne Coppens qu'eut lieu le 2 décembre 1851 la délibération des représentants du peuple.

10e *Arrondissement.*

Impasse de l'Egout, existait en 1652 (23, faubourg Saint-Martin).

12e *Arrondissement.*

Hospice des Quinze-Vingts, ancienne caserne des mousquetaires en 1780 (rue de Charenton).

13e *Arrondissement.*

Hôtel de Jean Julienne.(9, rue des Gobelins). Jean Julienne était en 1736 directeur et fondateur de la manufacture royale des Gobelins.

Ancien hôtel dit de la Reine Blanche (17, rue des Gobelins).

Ancien hôtel Ferrary, contrôleur général des finances sous Louis XV (101 et 103, boulevard d'Italie).

18e *Arrondissement.*

Ancien abbaye de Montmartre, fondée en 1133 par Louis le Gros. Ruines intéressantes.

Dans cette nomenclature nous avons excepté avec intention tous les monuments publics, tels que les Archives, le Palais de Justice, le Louvre, le Luxembourg, etc., etc. et pour ne pas sortir du cadre que nous nous sommes assigné, nous avons tenu à n'indiquer ici, que les maisons et hôtels particuliers, qui ne figurent dans aucun catalogue et qu'il est cependant intéressant de connaître, si l'on veut se faire une idée des transformations successives qui se sont accomplies dans Paris depuis 1500 ans!

MAISONS MORTUAIRES

Inscriptions Parisiennes.

Comme il peut être intéressant de connaître l'emplacement exact où sont morts les personnages célèbres qui depuis des siècles ont illustré Paris, nous avons relevé d'après les *inscriptions Parisiennes* la liste des maisons mortuaires sur lesquels des plaques commémoratives ont été placées :

Auber mourut 22, rue Saint-Georges.

Beaumarchais, 2, boulevard Beaumarchais; *Baudin*, en 1851, en face le 151, faubourg Saint-Antoine; *Béranger*, 5, rue Béranger; *Barye*, 4, quai des Célestins; *Berlioz*, 4, rue de Calais; *Berryer*, 64, rue des Petits-Champs; *Bougainville*, 5, rue de la Banque.

Corneille, 6, rue d'Argenteuil; l'*Amiral Coligny*, 144, rue de Rivoli; *Chateaubriand*, 120, rue du Bac; *Benjamin Constant*, 29, rue d'Anjou.

Diderot, 39, rue Richelieu.

Général Foy, 62, rue de la Chaussée-d'Antin.

Victor Hugo, 124, avenue Victor Hugo.

Ingres, 11, quai Voltaire.

La Fayette, 6, rue d'Anjou; *Lakanal*, 10, rue de Birague; *Laplace*, 108, rue du Bac; *Littré*, 44, rue d'Assas; *La Fontaine*, à l'Hôtel des Postes (emplacement de l'Hôtel d'Hervart); l'*Abbé de l'Épée*, 23, rue Thérèse.

Molière, 60, rue Richelieu; *Mignard*, 23bis, rue Richelieu; *Mirabeau*, 42, rue de la Chaussée-d'Antin; *Henri Martin*, 38, rue Vital; *Victor Massé*, 1, cité Frochot; *Méhul*, 28, rue Montholon; *Alfred de Musset*, 6, rue du Mont-Thabor; *Mignet*, 14, rue d'Aumale.

Pascal, 2, rue Rollin; *Parmentier*, 23, rue du Chemin-Vert.

Rabelais, 2, rue des Jardins-Saint-Paul et 28, quai des Célestins.

Quinet, 32, rue de Montparnasse.

Sainte-Beuve, 11, rue de Montparnasse; *Scribe*, 12, rue Pigalle.

Talma, 3, rue de la Tour-des-Dames.

Voltaire, 27, quai Voltaire; *Alfred de Vigny*, 6, rue des Écuries-d'Artois; *Vaucresson*, 51, rue de Charonne.

LES DESSOUS DE PARIS

Eaux.

Jusqu'au xve siècle, Paris n'avait eu pour suffire à son alimentation que les petites sources de Belleville et du Pré-Saint-Gervais, qui déservaient les fontaines Maubuée, des Innocents et des Halles.

Sous François Ier, les fontaines publiques n'étaient qu'au nombre de seize : douze dans l'intérieur de la ville et quatre en dehors des portes. Bientôt on établit trois nouvelles fontaines : celles de la Croix-du-Trahoir, de Birague et du Palais. A cette époque, ces fontaines presque entièrement réservées à la Cour et à certaines personnes du Parlement, s'appelaient *Eaux du Roi*. On voit encore rue Saint-Denis, au coin de la rue Greneta, l'ancienne fontaine de la *Reine* et il existe dans le faubourg du Temple la rue *Fontaine-au Roi*.

Ce fut Henri IV, qui, frappé de l'insuffisance absolue de l'eau à Paris, autorisa en 1606 l'établissement de la pompe de la *Samaritaine*, qui élevait l'eau de la Seine et la distribuait dans la ville. Plus tard, Marie de Médicis fit réparer et agrandir l'*aqueduc d'Ar-*

cueil, établi par les Romains pour amener les eaux de Rungis et d'Arcueil aux Thermes de Julien.

Ce ne fut qu'en 1778 qu'une *Compagnie des Eaux de Paris* fut chargée d'établir des pompes à feu à Chaillot et au Gros-Caillou ; puis vint de Parcieux avec son projet sur la dérivation des eaux de l'Yvette. Après lui, Riquet créa en 1802 le *Canal de l'Ourcq*. Malgré cela, Paris qui comptait alors 1,180,000 habitants n'avait même pas 80,000 mètres cubes d'eau potable par jour. C'est alors que commencèrent les grands travaux de Belgrand, qui devaient bientôt nous conduire à l'aménagement nécessaire à la dérivation des eaux de la *Dhuis* et de la *Vanne*.

Aujourd'hui, Paris manque encore d'eau, et, afin d'éviter, par tous les moyens possibles, que par la substitution de l'eau de Seine aux eaux de sources, les épidémies de fièvre typhoïde ne se développent, comme cela se produit depuis plusieurs années, on a eu recours à la construction d'un nouvel aqueduc, amenant à Paris les eaux de l'*Avre*. Cet aqueduc donnera de 110 à 130,000 mètres cubes d'eau nouvelle.

En calculant à 100 litres la quantité d'eau hygiéniquement nécessaire à chaque habitant, et la population étant de 2 millions 1/2, Paris devrait pouvoir consommer une moyenne de 245 millions de litres par jour.

Egouts.

Les premiers égouts de Paris furent les fossés creusés autour des murailles, aussi quand on songe qu'actuellement Paris en possède près de 1,250 kilomètres, et qu'on se reporte au premier égout de la rue Montmartre, exécuté sous Charles VI par ordre du prévôt de Paris, Hugues Aubriot, on se fait bien vite une idée des immenses difficultés qu'il a fallu vaincre et de tout l'argent qui s'est dépensé pour arriver au perfectionnement actuel.

Nous ne reviendrons pas sur les chapitres concernant les immondes cloaques du moyen-âge, qui s'appelaient l'*égout du Pont Perrin*, le *Trou Punais*, etc., et dont nous avons parlé déjà. Aussi nous bornerons-nous à dire que sous Louis XIV il n'existait à Paris que 2,355 mètres d'égouts voutés contre 8,035 mètres d'égouts à *ciel ouvert*; de ce nombre était le grand égout de ceinture appelé alors *Ruisseau de Ménilmontant* et placé hors Paris.

Le travail des égouts fut toujours fort négligé, car, en 1815, l'égout du *Ponceau* traversait à découvert la rue Saint-Denis, et en 1824, la longueur des égouts n'était encore que de 37 kilomètres.

A partir de 1860, par suite de l'annexion des communes suburbaines, Paris fut pourvu de 276,000 mètres d'égouts; en 1878, il y en avait 600,000. Aujourd'hui, avec les branchements, ce chiffre est presque doublé.

C'est encore à Belgrand que revient tout le mérite du tracé des grands collecteurs. Celui du boulevard de Sébastopol fut inauguré en 1868.

Cimetières, Catacombes, etc.

D'après les renseignements recueillis par M. de Caylus, sur les fouilles opérées en 1751 aux environs de la rue Vivienne et du Palais-Royal, il est évident qu'outre le grand *Champ de sépultures*, qui s'étendait sur le revers du mont Leucotitius, les Romains possédaient un autre champ de repos dans ces parages, ainsi que l'attestent les grandes quantités d'urnes et de monuments funéraires retrouvés en cet endroit.

Plus tard, l'usage vint d'inhumer les corps dans les églises ou dans les terrains avoisinant. Quand on manqua de place, on enterra aux portes de la ville; mais, par suite de l'extension toujours croissante de la population, les cimetières furent bientôt englobés dans les habitations et devinrent alors un danger pour la santé publique.

Le célèbre chimiste Fourcroy, qui vivait en 1775, dit, que par suite de l'exiguité des cimetières, on fut à certains moments obligé d'inhumer les corps non isolément, mais dans des *grandes fosses*.

« Dans ces cavités de trente pieds de profondeur et
« de vingt de largeur, on plaçait par rangs très serrés
« les corps des malheureux renfermés dans leurs biè-
« res. La nécessité d'en entasser un grand nombre
« obligeait de placer les bières si près les unes des
« autres, qu'on peut se figurer ces fosses remplies
« comme d'un massif de cadavres, séparés par des
« planchers d'environ six lignes d'épaisseur. Ces fos-
« ses, contenant chacune de 1,000 à 1,500 cadavres.
« Lorsqu'elles étaient pleines, on chargeait la der-
« nière couche de corps d'environ un pied de terre
« et on creusait une nouvelle fosse à quelque distance.
« C'étaient autant de vastes foyers de corruption que
« contenait cette enceinte. Cependant le sol, gonflé
« par ces dépôts si nombreux, excédait de plus de

« huit à dix pieds le niveau des rues, avec lequel il
« fallait parvenir à l'accorder. Enfin, d'innombrables
« milliers d'ossements successivement rejetés du sein
« de cette terre, qui, depuis longtemps rassasiée de
« funérailles, s'ouvrait encore chaque jour pour s'en
« pénétrer de nouveau, étaient entassés sous les toits
« des charniers et contenaient les débris de plusieurs
« générations que le temps avait englouties. »

On a calculé que pendant sept siècles qu'il a existé, le *cimetière des Innocents* a dû dévorer 1,200,000 cadavres, car ce cimetière servait à plus de vingt paroisses de Paris, mais « malgré les plaintes que les « habitants de ce quartier infecté portaient depuis « deux siècles aux gouvernants, ceux-ci, pleins de « respect pour la routine et pour les morts, leur sacrifiaient les vivants ».

Toutefois, en 1765, le Parlement interdit les inhumations dans Paris ; c'est alors qu'on commença à supprimer les cimetières, et pour placer les ossements de ces fouilles, on songea à utiliser d'anciennes carrières abandonnées situées dans le faubourg Saint-Jacques, auxquelles on donna le nom de *Catacombes*. C'est là qu'en 1786, tous les ossements des Innocents et d'autres cimetières de Paris furent déposés.

En 1790, l'Assemblée constituante confirma l'arrêt du Parlement, interdit d'enterrer dans les églises et ordonna l'établissement de trois enclos *hors de la ville*, à l'usage des cimetières.

En 1804, Frochot, alors préfet de la Seine, à qui on doit la réglementation des cimetières et l'installation complète des catacombes, créa le *Père-Lachaise* sur l'enclos du Mont-Louis, et le *cimetière de Montmartre*, nommé d'abord *Champ-de-Repos*.

Depuis, plusieurs vastes nécropoles ont été établies; mais, comme autrefois, par suite des agrandissements successifs de la ville et de l'augmentation de la population, les cimetières furent de nouveau envahis et on ne sut bientôt plus ou placer les morts.

Le projet consistant à créer un cimetière à Méry-sur-Oise, semble avoir été abandonné, à cause des trop grandes difficultés qu'il aurait entraînées. Aussi, en attendant, a-t-on agrandi les cimetières d'Ivry et de Saint-Ouen, et ouvert en 1886 deux nouveaux cimetières à Pantin et à Bagneux.

Depuis le 11 mars 1887, la crémation est autorisée et a lieu au Père-Lachaise, dans un monument construit à cet effet. Le prix varie de 50 à 250 francs par incinération.

RENSEIGNEMENTS DIVERS

Population.

En 1784, le recensement établi par Necker donnait une population de 660,000 habitants, le recensement de 1886 en a donné 2 millions 260,945, et celui de 1891, 2 millions 423,609; donc depuis 107 ans, la population de Paris a augmenté de 1 million 763,609 habitants!

Topographie.

Paris, adopté comme le degré 0, c'est-à-dire le point de départ des degrés de longitude, est situé par 48° 50′ 49″ de latitude septentrionale de l'équateur à l'Observatoire de Paris. Sa surface est de 7,802 hectares (780.200.000 de mètres carrés).

Paris est à 90 lieues de Londres, 270 de Vienne, 280 de Rome, 380 de Stockolm, 500 de Constantinople et 600 de Moscou.

Le plus grand diamètre de la ville est de 11 kil. 1/2 entre la Porte de Saint-Cloud et la Porte du Canal de l'Ourcq; tandis que son plus petit (9 kil. 1/2) va de la Porte de Clignancourt à la Poterne des Peupliers (Maison Blanche).

Le point central de Paris, qui, avant le déplacement des barrières, était présumé aux environs de la Pointe Sainte-Eustache, est aujourd'hui reporté à l'endroit du grand bassin des Tuileries.

Climat.

Par sa position voisine de la mer (168 kil. de Dieppe et 154 de Boulogne), Paris est soumis au climat maritime; autrement dit, nul déplacement atmosphérique n'est signalé au large venant de l'O. ou du N.-O. sans qu'il n'en ressente bientôt les effets.

Bibliothèques.

Sous le roi Jean, la Bibliothèque royale se composait de 8 à 10 volumes; sous Charles V, il y en eut 910; avec François Ier, le nombre s'accrut à 1890. Puis sous Louis XIII, on en comptait 10,746; sous Louis XV, 50,542; en 1789, 200,000 et aujourd'hui plus de 3 millions!

La Seine à vol d'oiseau.

Par un temps clair, de la tour de l'église Saint-Gervais, on peut apercevoir neuf ponts s'échelonnant sur la Seine: les ponts d'Arcole, Notre-Dame, pont au Change, Pont-Neuf, pont des Arts, pont du Carrousel, pont Royal, pont de Solférino, et pont de la Concorde (la distance entre le viaduc du Point du Jour et le pont National de Bercy est de 12 kilomètres).

FIN

DIVISIONS SUCCESSIVES DE PARIS

AVANT LE XIVe SIÈCLE (3 *divisions*).

CITÉ — Outre Grand Pont ou **VILLE** — Outre Petit Pont ou **UNIVERSITÉ**

DU XIVe AU XVe SIÈCLE (8 *quartiers*).

1 St-Germain-l'Auxerrois.
2 Ste-Opportune.
3 St-Jacques-la-Boucherie.
4 Verrerie.
5 Grève.
6 Cité.
7 Place Maubert.
8 St-André-des-Arts.

DU XVe SIÈCLE A 1702 (16 *quartiers*).

1 St-Germain-l'Auxerrois.
2 St-Opportune.
3 St-Jacques-la-Boucherie.
4 Verrerie.
5 Grève.
6 Cité.
7 Place Maubert.
8 St-André-des-Arts.
9 St-Antoine.
10 St-Gervais.
11 St-Avoye.
12 St-Martin.
13 St-Denis.
14 Halles.
15 St-Eustache.
16 St-Honoré.

DE 1702 A 1789 (20 *quartiers*).

1 Cité.
2 St-Jacques-la-Boucherie.
3 Ste-Opportune.
4 Louvre.
5 Palais-Royal.
6 Montmartre.
7 St-Eustache.
8 Halles.
9 St-Denis.
10 St-Martin.
11 Grève.
12 St-Paul.
13 St-Avoye.
14 Temple.
15 St-Antoine.
16 Place Maubert.
17 St-Benoît.
18 St-André-des-Arts.
10 Luxembourg.
20 St-Germain-des-Prés.

DE 1789 A 1790 (60 *districts*).

1 St-Eustache.
2 St-Philippe-du-Roule.
3 Capucins.
4 St-Honoré.
5 St-Jacques-la-Boucherie.
6 St-Laurent.
7 Capucins-du-Marais.
8 Cordeliers.
9 St-Lazare.
10 Mathurins.
11 Carmélites.
12 Jacobins-St-Honoré.
13 Filles-Dieu.
14 Petit-Saint-Antoine.
15 Petits-Pères.
16 Feuillants.
17 St-Gervais.
18 St-Merri.
19 Capucins-d'Antin.
20 Carmes-Déchaussés.
21 Prémontrés.
22 Enfants-Rouges.
23 St-Nicolas-du-Chardonnet.
24 St-Germain-l'Auxerrois.
25 Pères-de-Nazareth.
26 St-Séverin.
27 Ste-Élisabeth.
28 St-Louis-la-Culture.
29 Notre-Dame-St-Victor.
30 Ste-Opportune.
31 Oratoire.
32 Barnabites.
33 Popincourt.
34 Sépulcre.
35 St-Roch.
36 Blancs-Manteaux.
37 St-Magloire.
38 Bonne-Nouvelle.
39 St-Martin-des-Champs.
40 St-Leu.
41 St-Jean-en-Grève.
42 St-Germain-des-Prés.
43 Récollets.
44 St-Joseph.
45 Ste-Marguerite.
46 St-Jacques-du-Haut-Pas.
47 Sorbonne.
48 St-André-des-Arcs.
49 Petits-Augustins.
50 Val-de-Grâce.
51 St-Honoré.
52 St-Jacques-l'Hôpital.
53 Théatins.
54 St-Louis-en-l'Ile.
55 Jacobins-St-Dominique.
56 Enfants-Trouvés.
57 St-Marcel.
58 Minimes.
59 Filles-St-Thomas.
60 St-Étienne-du-Mont.

DE 1790 A 1792 (48 *sections*).

1 Tuileries.
2 Champs-Élysées.
3 Roule.
4 Place Vendôme.

5 Grange-Batelière.
6 Palais-Royal.
7 Bibliothèque.
8 Faubourg Montmartre.

9 Poissonnière.
10 Halle au Blé.
11 Mauconseil.
12 Place des Victoires.

13 Oratoire.
14 Louvre.
15 Marché des Innocents.
16 Postes.

17 Bonne-Nouvelle.
18 Bondy.
19 Faubourg St-Denis.
20 Fontaine Montmorency.

21 Temple.
22 Lombards.
23 Ponceau.
24 Gravilliers.

25 Arcis.
26 Roi de Sicile.

27 Beaubourg.
28 Place Royale.

29 Quinze-Vingts.
30 Montreuil.
31 Popincourt.
32 Enfants-Rouges.

33 Notre-Dame.
34 De l'Ile.
35 Arsenal.
36 Hôtel-de-Ville.

37 Invalides.
38 Fontaine de Grenelle.
39 Quatre-Nations.
40 Croix-Rouge.

41 Luxembourg.
42 Henri IV.
43 Théâtre-Français.
44 Thermes-de-Julien.

45 Jardin des Plantes.
46 Ste-Geneviève.
47 Observatoire.
48 Gobelins.

EN 1793 (48 *sections*).

1 Tuileries.
2 Champs-Élysées.
3 La République.
4 Des Piques.

5 Montblanc.
6 Butte des Moulins.
7 Lepelletier.
8 Faubourg Montmartre.

9 Poissonnière.
10 Halle au Blé.
11 Bonconseil.
12 Guillaume Tell.

13 Gardes Françaises.
14 Muséum.
15 Halles.
16 Contrat-Social.

17 Bonne-Nouvelle.
18 Bondy.
19 Nord.
20 Molière. Brutus.

21 Temple.
22 Lombards.
23 Amis de la Patrie.
24 Gravilliers.

25 Arcis.
26 Droits de l'Homme.
27 Réunion.
28 Fédérés. Indivisibilité.

29 Quinze-Vingts.
30 Montreuil.
31 Popincourt.
32 L'Homme Armé.

33 Cité.
34 Fraternité.
35 Arsenal.
36 Maison Commune. Fidélité.

37 Invalides.
38 Fontaine de Grenelle.
39 Unité.
40 Bonnet Rouge.

41 Mucius Scévola.
42 Pont-Neuf. Révolutionnaire.
43 Marseille. Marat.
44 Beaurepaire. Châlier.

45 Sans-Culottes.
46 Panthéon-Français.
47 Observatoire.
48 Finistère. Lazouski.

DE 1795 A 1850 (12 *arrondissements*, 48 *quartiers*).

1er 1 Tuileries.
— 2 Champs-Élysées.
— 3 Roule.
— 4 Place Vendôme.

2e 5 Montblanc.
— 6 Butte des Moulins.
— 7 Feydeau.
— 8 Faub. Montmartre.

3e 9 Faub. Poissonnière.
— 10 St-Eustache.
— 11 Montmartre.
— 12 Mail.

4e 13 St-Honoré.
— 14 Louvre.
— 15 Marchés.
— 16 Banque de France.

5e 17 Bonne-Nouvelle.
— 18 Faubourg St-Martin.
— 19 Faubourg St-Denis.
— 20 Montorgueil.

6e 21 Temple.
— 22 Lombards.
— 23 Porte St-Denis.
— 24 St-Martin-des-Champs

7e — 25 Arcis.
— 26 Mont-de-Piété.
— 27 Ste-Avoye.
— 28 Marché St-Jean.

8e — 29 Quinze-Vingts.
— 30 Faubourg St-Antoine.
— 31 Popincourt.
— 32 Marais.

9e — 33 Cité.
— 34 Ile St-Louis.
— 35 Arsenal.
— 36 Hôtel-de-Ville.

10e — 37 Invalides.
— 38 St-Thomas-d'Aquin.
— 39 Monnaie.
— 40 Faubourg St-Germain.

11e — 41 Luxembourg.
— 42 Palais de Justice.
— 43 École de Médecine.
— 44 Sorbonne.

12e — 45 Jardin des Plantes.
— 46 St-Jacques.
— 47 Observatoire.
— 48 St-Marcel.

DE 1850 A 1855 (12 *arrondissements*, 48 *quartiers*).

1er — 1 Tuileries.
— 2 Champs-Élysées.
— 3 Roule.
— 4 Place Vendôme.

2e — 5 Chaussée-d'Antin.
— 6 Palais-Royal.
— 7 Feydeau.
— 8 Faub. Montmartre.

3e — 9 Faub. Poissonnière.
— 10 St-Eustache.
— 11 Montmartre.
— 12 Mail.

4e — 13 St-Honoré.
— 14 Louvre.
— 15 Des Marchés.
— 16 Banque.

5e — 17 Bonne-Nouvelle.
— 18 Porte St-Martin.
5e — 19 Faubourg St-Denis.
— 20 Montorgueil.

6e — 21 Temple.
— 22 Porte St-Denis.
— 23 Lombards.
— 24 St-Martin-des-Champs

7e — 25 Des Arcis.
— 26 Mont-de-Piété.
— 27 St-Avoye.
— 28 Marché St-Jean.

8e — 29 Quinze-Vingts.
— 30 Faubourg St-Antoine.
— 31 Popincourt.
— 32 Marais.

9e — 33 Cité.
— 34 Ile St-Louis.
— 35 Arsenal.
— 36 Hôtel de Ville.

10e	37 Invalides.	11e	43 Palais de Justice.
—	38 St-Thomas-d'Aquin.	—	44 Sorbonne.
—	39 Monnaie.		
—	40 Faubourg St-Germain.	12e	45 Place Maubert.
		—	46 Observatoire.
11e	41 Luxembourg.	—	47 Jardin du Roi.
—	42 École de Médecine.	—	48 St-Marcel.

DE 1835 A 1860 (12 *arrondissements*, 48 *quartiers*).

1er	1 Tuileries.	7e	25 Des Arcis.
—	2 Champs-Élysées.	—	26 Mont-de-Piété.
—	3 Roule.	—	27 St-Avoye.
—	4 Place Vendôme.	—	28 Marché St-Jean.
2e	5 Chaussée-d'Antin.	8e	29 Quinze-Vingts.
—	6 Palais-Royal.	—	30 Faubourg St-Antoine.
—	7 Feydeau.	—	31 Popincourt.
—	8 Faub. Montmartre.	—	32 Marais.
3e	9 Faub. Poissonnière.	9e	33 Cité.
—	10 St-Eustache.	—	34 Ile St-Louis.
—	11 Montmartre.	—	35 Arsenal.
—	12 Mail.	—	36 Hôtel de Ville.
4e	13 St-Honoré.	10e	37 Invalides.
—	14 Louvre.	—	38 St-Thomas-d'Aquin.
—	15 Des Marchés.	—	39 Monnaie.
—	16 Banque.	—	40 Faubourg St-Germain.
5e	17 Bonne-Nouvelle.	11e	41 Luxembourg.
—	18 Porte St-Martin.	—	42 École de Médecine.
—	19 Faubourg St-Denis.	—	43 Palais de Justice.
—	20 Montorgueil.	—	44 Sorbonne.
6e	21 Temple.	12e	45 Jardin des Plantes.
—	22 Porte St-Denis.	—	46 St-Jacques.
—	23 Lombards.	—	47 Observatoire.
—	24 St-Martin-des-Champs	—	48 St-Médard.

ÉTAT ACTUEL DEPUIS 1860 (20 *arrondissements*, 80 *quartiers*).

Ier	Louvre..................	1 St-Germain-l'Auxerrois.
	—	2 Halles.
	—	3 Palais Royal.
	—	4 Place Vendôme.
IIe	Bourse..................	5 Gaillon.
	—	6 Vivienne.
	—	7 Mail.
	—	8 Bonne-Nouvelle.
IIIe	Temple..................	9 Arts-et-Métiers.
	—	10 Enfants-Rouges.
	—	11 Archives.
	—	12 Saint-Avoye.
IVe	Hôtel de Ville..........	13 Saint-Merry.
	—	14 Saint-Gervais.
	—	15 Arsenal.
	—	16 Notre-Dame.
Ve	Panthéon................	17 Saint-Victor.
	—	18 Jardin des Plantes.
	—	19 Val-de-Grâce.
	—	20 Sorbonne.
VIe	Luxembourg............	21 Monnaie.
	—	22 Odéon.
	—	23 Notre-Dame-des-Champs.
	—	24 Saint-Germain-des-Prés.
VIIe	Palais Bourbon........	25 Saint-Thomas-d'Aquin.
	—	26 Invalides.
	—	27 École-Militaire.
	—	28 Gros-Caillou.

VIIIe	Elysée................	29 Champs-Élysées.
	—	30 Faubourg du Roule.
	—	31 Madeleine.
	—	32 Europe.
IXe	Opéra.................	33 Saint-Georges.
	—	34 Chaussée-d'Antin.
	—	35 Faubourg Montmartre.
	—	36 Rochechouart.
X^e	Enclos Saint-Laurent....	37 Saint-Vincent-de-Paul.
	—	38 Porte Saint-Denis.
	—	39 Porte Saint-Martin.
	—	40 Hôpital Saint-Louis.
XIe	Popincourt............	41 Folie-Méricourt.
	—	42 Saint-Ambroise.
	—	43 Roquette.
	—	44 Sainte-Marguerite.
XIIe	Reuilly	45 Bel-Air.
	—	46 Picpus.
	—	47 Bercy.
	—	48 Quinze-Vingts.
XIIIe	Gobelins	49 Salpêtrière.
	—	50 Gare.
	—	51 Maison-Blanche.
	—	52 Croulebarbe.
XIVe	Observatoire...........	53 Montparnasse.
	—	54 Santé.
	—	55 Petit-Montrouge.
	—	56 Plaisance.
XVe	Vaugirard.............	57 Saint-Lambert.
	—	58 Necker.
	—	59 Grenelle.
	—	60 Javel.

XVIe	Passy	61 Auteuil.
	—	62 Muette.
	—	63 Porte Dauphine.
	—	64 Bassins.
XVIIe	Batignolles	65 Les Ternes.
	—	66 Plaine Monceaux.
	—	67 Batignolles.
	—	68 Épinettes.
XVIIIe	Montmartre	69 Grandes-Carrières.
	—	70 Clignancourt.
	—	71 Goutte-d'Or.
	—	72 La Chapelle.
XIXe	Buttes Chaumont	73 La Villette.
	—	74 Pont-de-Flandre.
	—	75 Amérique.
	—	76 Combat.
XXe	Ménilmontant	77 Belleville.
	—	78 Saint-Fargeau.
	—	79 Père-Lachaise.
	—	80 Charonne.

TABLE DES MATIÈRES

FIN DE LA TABLE DES MATIÈRES

Imprimerie de Poissy. — S. Lejay et Cie.

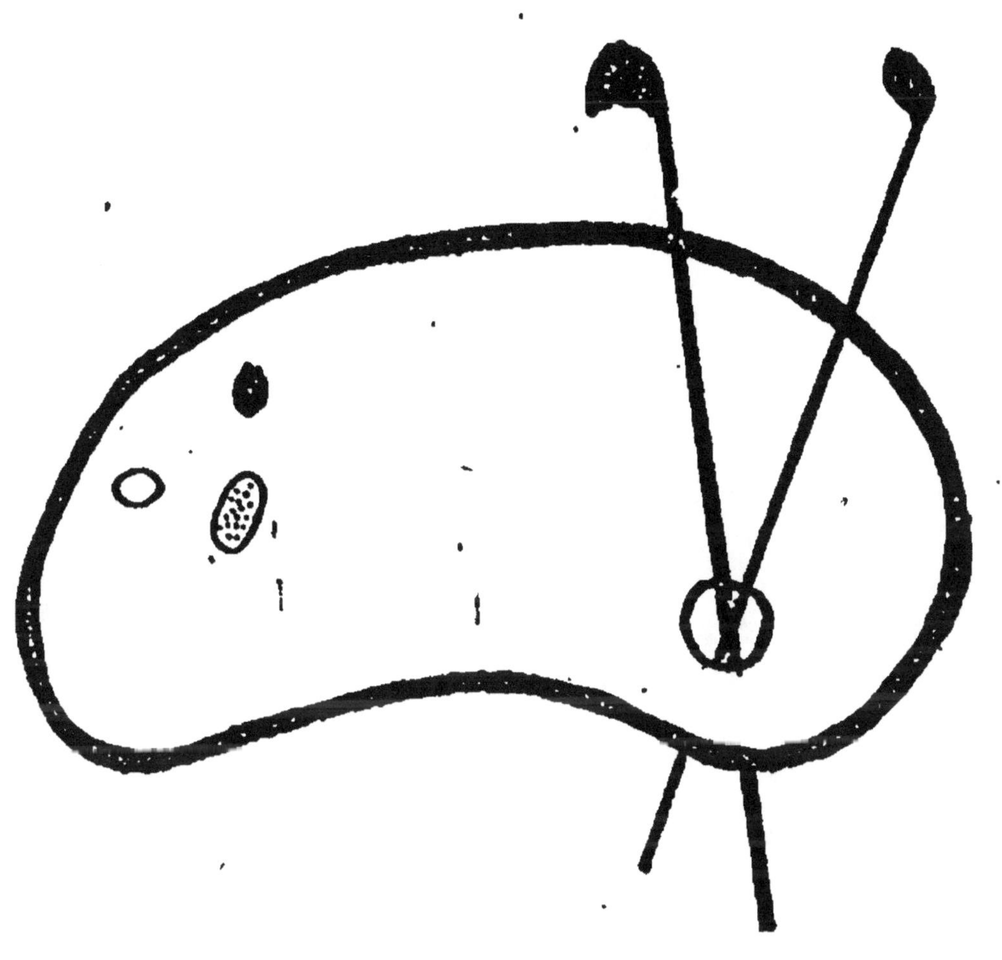

www.ingramcontent.com/pod-product-compliance
Lightning Source LLC
LaVergne TN
LVHW020406230826
846091LV00004B/1170
9782012927094